JN201850

豊かなシニアになるための30+1アイテム

AFP日本FP協会認定
ファイナンシャルプランナー
林 和彦

文芸社

はじめに

現在、日本は出生数の減少による少子化と平均寿命の延伸に伴う高齢者人口の増加により超高齢化社会に突入しています。そして、この社会構造の変化によって、晩婚化・未婚化の進展、人口減少、経済の長期低迷、物価高、人手不足、介護問題などの様々な問題が複雑に絡み合い、従来の公的年金制度や社会保障制度などに影響を及ぼしています。

これらの社会的問題を背景に、定年が間近に迫る五十代、六十代の多くの方々は、お金のこと、健康のこと、仕事のことについて漠然とした不安や悩みを抱えていると思います。

人生100年時代と言われて久しいですが、平均寿命の延伸によって確実に定年後の自由な時間が長くなっています。定年後の時間の方がサラリーマン生活を過ごした時間よりも長くなるようです。

定年後の生活は、自らの生き方を選択する自由度が高まります。

五十代、六十代の方は、老後のことは定年後に考えるのではなく、定年前からできるだけ早く、どうやったら充実した人生を送れるかを真剣に考えた方が良いと思います。何も楽しいことがなく、ただ長く生きるのはあまりにも空虚です。今のうちから、自分らしくイキイキとした豊かな老後をイメージして行動することが大切だと思います。

私は、定年後のセカンドライフを楽しむために大切なことは、未来におびえないこと、過去にとらわれないこと、自分を信じることだと思っています。

まず、未来におびえないためには、金融リテラシーを高めることが重要です。つまり、年金、資産運用、社会保険などお金のことについてもっとよく知ることです。

金融リテラシーを高めたうえで老後に向けてのライフプランを立てることが大事です。ライフプランとは、これから生きていく上での計画であり目標です。立てたプランに沿って計画との差異を毎年見直し・修正していきます。その際、家計管理の見える化も大事になります。これらのことを定年前に準備することが大切です。

次に、過去にとらわれないためには、過去の自分が持っているプライドや固定観念を捨てて、古い価値観を一旦リセットすることです。定年前は、会社での人間関係が中心だったと思います。つまり、周りには同じような価値観を持った人が多かったはずです。しかし、定年後は、取り巻く環境が変わります。サラリーマン時代のような感覚でいると、イライラしたり、不満を抱えたり、場合によっては周りから孤立することになるかもしれません。

自分の思うようにならないことに対して愚痴を言ったり、意味もなく怒鳴り散らしたり、会社の隅っこにこっそりとしがみついているような「かっこ悪いおじさん」にはならないよう注意が必要です。

セカンドライフは第二の人生です。定年後は新しい人生に向かって生まれ変わる意識が大切です。これは、新たな働き方を考える時も同じです。過去の延長線上には未来はないと思います。

そして、自分を信じることです。定年前後には様々な選択肢があります。その選択をする時には、自らの頭で考え、勇気を持って行動することが大切です。人生には正解はありません。未来は自ら創り上げるものです。あとで後悔しないためにも、自分を信じて行動することが大事です。


私は、50歳の時、突然病に倒れ、3週間の入院生活を経験しました。不摂生な生活と精神的ストレスが原因だったようです。学生時代にラグビーをやっていたので、体力には自信がありました。まさか、自分が病気で倒れるなど考えもしませんでした。

今から考えると、40歳から50歳にかけて会社では仕事の責任も重くなり、仕事の成果に対して大変なプレッシャーを感じていました。その頃は、野心を持っていましたので、精神的なストレスの影響が大きかったようです。

また、日常の生活も生活習慣病になるほど不摂生なものでした。浴びるほどお酒を飲み、運動はまったくしない自堕落な生活が続いていました。その頃の私は、イライラして怒鳴り散らすような、「かっこ悪いおじさん」でした。

突然の病だったので、とても動揺しました。健康と仕事の不安を漠然と抱えるようになり、これからの人生をどう生きるべきかを真剣に考えるようになりました。

私は、残りの人生をどう生きるかを考えた末、ワクワクした毎日を過ごすために、新たなことに挑戦することを決意しました。決意をした背景には、「一度きりの人生を自分らしく豊かに生きたい」との思いがあったからです。

まず、55歳の時にマラソンを始めました。学生時代以来33年ぶりの本格的な運動だったため、走り出した頃は2㎞も走れず、道に座り込むような情けない状態でした。今では、レースを走り終わった後に感じる達成感が喜びになり、還暦の年に憧れのホノルルマラソンと東京マラソンを完走することができました。10年前には、ワイキキビーチやダイヤモンドヘッドなどハワイの観光地を走ることなど想像すらできませんでした。富士山登山にも挑戦しました。富士山頂からご来光を見た時の感動は、今でも忘れられません。今でも、立山、上高地、白馬など山登りを続けています。

57歳の時には、老後に向けてお金に関する知識の重要性を認識し、ファイナンシャルプランニングの国家資格に挑戦して取得しました。資産運用や年金、税金などの勉強が退職の時に役に立ちました。そして、現在に至っています。

59歳の時には、老後は料理を作れることが大事だと思い、クッキングスクールに通いました。それまで、包丁さえ握ったことがありませんでしたが、今では、たまに台所に立ち、家族から喜ばれています。

そして、60歳で会社を退職し、個人事業主となり、ひとり起業を始めました。

起業の目的は、人の役に立つ仕事を一生涯続け、自由に自分らしく生きていくことです。収入は、お小遣い程度あればいいと思っています。会社員として働くより、収入が大幅に減少しますが、老後は年金とお小遣い程度の収入があればよいと思っています。

私の周りでも年金の受給額を心配される方は多くいます。確かに自営業やフリーランスで働いている方のように老齢基礎年金（国民年金）だけですと、年金だけでの生活は厳しいかもしれません。

しかし、会社員や公務員の方のように厚生年金に加入していますと、年金だけの生活も節約すれば可能だと思います。まして、夫婦共稼ぎの家庭でともに会社員であれば世帯収入が多いので年金だけでも十分生活できると思います。厚生労働省が発表しているモデルケースでの試算が、夫が会社員で妻が専業主婦の昭和モデル世帯であることに違和感を覚えます。

今、定年後にひとり起業を始める方が増えているようです。自宅の一室を事務所にすれば、初期投資はほとんどかからず、起業におけるリスクが低いことが原因です。

ひとり起業は、定年がなく生涯現役で働くことができます。また、厚生年金に加入して働く会社員と違い、働きながら年金を受給しても受け取る年金が減ることもありません。

今後、ひとり起業のような自由な働き方が、より注目されてくると思います。

今、日本は人生１００年の超長寿化社会に突入しています。

前述でセカンドライフを楽しむためには「未来におびえない」「過去にとらわれない」「自分を信じる」ことが大切であると言いました。

私は、さらに理想の人生を実現するためには、できるだけ早くライフプランニングすることが重要であると思っています。

ひと昔前であれば、定年まで全力で働き、定年後はその勢いのまま余生をのんびり生きることができたかもしれません。しかし、人生１００年時代では、残りの長い時間を無駄にせず、安心して暮らすためには、より早くライフプランを立て、準備する必要があるからです。

今、社会で起こっている「少子高齢化」「人生の長期化」「ライフスタイルの多様化」などの時代の変化に対応し豊かに生きるために大切なのは、定年後の生活の見える化です。

つまり、早めに定年後に向けたライフプランを立てることによって具体的な家計収支や自分が理想とするライフスタイル（健康・仕事・趣味）を把握し、効率的に将来に備えることです。そのことが、今抱えている将来への漠然とした不安や悩みを軽減させてくれるはずです。

私は、この10年間で自分の定年後に向けたライフプランを立て、様々な挑戦や準備をしたことによって、昔の自分では考えられないほど人生が豊かになり、毎日をワクワクした気持ちで楽しく過ごしています。

本書では、私がこの10年間に抱えた不安や悩みから得た経験や知識を、同じ悩みを抱えている方々にお伝えできればと思っています。

そして、本書を読んだ方々がこれからの人生を前向きに定年後のライフプランを考えるきっかけになれば幸いです。理想として描いた人生を颯爽とカッコよく生きるおじさんが増えることを願います。

林 和彦

目次

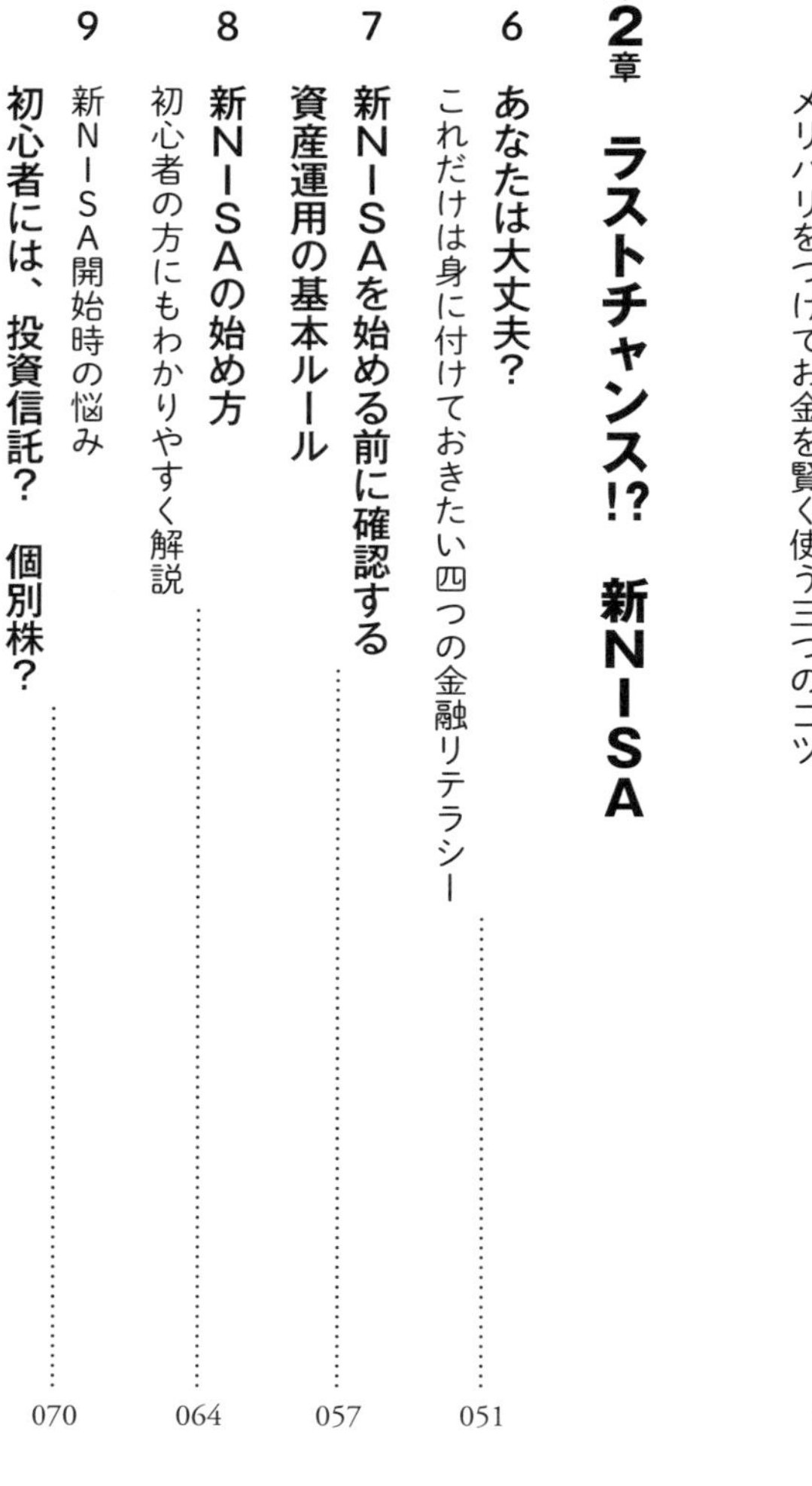

第3章 「シニア」と呼ばれて

第1章

「シニア」への準備が大切

1 人生の後半戦をポジティブに！

五十代からの人生を自分らしく生きるためには

人生100年、五十代はいわば人生の折り返し地点です。

五十代は、「定年退職」が身近に迫り、六十代からの生活設計への不安、子どもの教育や住宅ローン返済など、プライベートと仕事の両面で悩みや不安が尽きません。

悩み多き五十代ですが、50歳から始まる人生の後半戦は、会社のためとか、家族のためとかではなく、自分を大切にして、自分のために楽しく過ごしたいものです。

2021年の厚生労働省の調査では、男性の平均寿命はおよそ81歳、女性は88歳でした。人生後半のセカンドライフを充実して生きるためには、早めに自分のこれからのライフプランを計画し、五十代から新たな自分をスタートさせることがポイントとなります。

「折り返し地点」ではありますが、まだ「シニア」とは言われないと思います。ただ、

「シニア」への準備期間と言えるかもしれません。

そもそも「シニア」の年齢定義はあいまいで、世界保健機関（WHO）では65歳以上を高齢者とし、健康保険組合では65～74歳までを前期高齢者、75歳以上を後期高齢者としています。転職市場などでは、55歳～60歳以上をシニア世代と呼んでいます。多くの企業で60歳が定年とされているため、60歳以上を「シニア」というケースが多いかと思われます。

五十代は悩みや不安が多い年代

五十代は、老後に向けて一体なにから手をつければいいのか、定年後の人生をどう過ごせばいいのかなど、漠然とした不安を感じるようになります。

2022年の内閣府調査（国民生活に関する世論調査）によると、日常生活の悩みや不安を感じていると回答した割合が一番高かったのが、五十代の42％でした。

また、悩みや不安を感じている項目では、老後の生活設計が63％と一番多く、前年の58・5％から大幅に増加しています。次に多かったのが、今後の収入や資産の見直しで、57・1％と続いており、老後に向けてのお金に関する悩みや不安を多く抱えているようです。

では、五十代になると悩みや不安がなぜ大きくなるのか。

その要因として、新しいステージに向けて生活環境が大きく変化することが挙げられます。生活環境の変化は、精神的なストレスに影響します。

多くの会社員は、60歳で定年退職を迎えます。定年退職後は、再雇用や転職など働き方が大きく変わります。働き方の変化は、収入の減少や仕事に対するやりがいの喪失にもつながります。また、仕事以外にも健康面の問題、子どもの教育費や住宅ローンなどの家計への負担も悩みや不安を抱える原因となります。定年をきっかけに新たな人生に向けての分岐点を迎えます。

五十代が抱える四つの悩みと不安

仕事面では、五十代になると仕事での成長を感じられなくなったり、自信を喪失して、やる気がなくなったりすることがあります。

五十代は、会社人生の最終コーナーを回って直線ゴールに向かって走っているところです。四十代までは、同期と比べて出世が遅れていても、まだ巻き返せると思えますが、五十代に入るとゴールが見えてきて、モチベーションが低下することがあります。これからは、現状を踏まえて、会社人生をどうまとめるかを考えることが大切です。

多くの家計の不安の中には、住宅ローン返済や子どもの学費などの大きな出費があります。仕事の悩みや不安が重なると、お金の悩みが一層深刻になります。

また、家庭では、子どもが大きくなるにつれて、子どもの話題が中心だった生活から、夫婦二人の生活に変わるため共通の話題に困り、会話が少なくなることも多いようです。その結果、夫婦間での価値観の違いや生活にズレが生じ、一緒に生活することが苦痛に感じてしまう場合があるようです。

一方で健康面は、一気に体力の低下を感じるようになります。糖尿病や高血圧などの生活習慣病も目立つようになります。

自分を見つめ直す良い機会

五十代になると、これからの人生を自分自身で考え、道を切り開いていくことが大事です。そのためにも、自分の前半の人生を振り返り、見つめ直すことが大切になります。見つめ直すことで、後半の人生をプランニングすることができ、充実したセカンドライフを過ごせるようになります。過去を受け入れることから、新しい人生が始まります。

例えば、体力の低下や健康面での不安があれば、適度な運動をしたり、食事のバランスを改善する。仕事に悩みがあれば、仕事に対する価値観や働き方を見直す。仕事以外に生き甲斐がないのであれば、仕事以外に没頭する趣味をつくる。家計に不安があるのならば、ライフプランニングを見直して家計管理を改善する。夫婦間での悩みがあるのなら、夫婦で一緒に楽しめることを見つけ共通の話題をつくるなど、このほかにも多くのことを見直すきっかけになります。

四十代までは、たくさんあるように見えた選択肢が、齢を重ねるとともに減ってくるように感じることがあります。しかし、「まだまだこれから」とポジティブな気持ちを持ち続ければ、人生の後半戦は、きっと自分らしい豊かな人生が送れるはずです。

2 ひとり暮らしが急増！ ２０５０年には50歳男性の三人に一人が未婚？

「２０５０年には、65歳以上のひとり暮らしが１０８３万人になる」

今後、人口減少が進み、高齢者のひとり暮らし世帯が急増し、２０５０年には65歳以上のひとり暮らしが全世帯の21％にあたる１０８３万人になると国立社会保障・人口問題研究所が発表した世帯数の将来推計で明らかになりました。

近い将来、シニア世代の「おひとりさま」が特別なことではなく、誰にでも起こりうる日常的なものに変化していきます。これからは、時代の変化に対応した自分らしい生き方が求められます。

高齢者のひとり暮らしが急増

２０５０年時点の65歳以上人口のうち、ひとり暮らしの割合は、男性26・1％、女性29・3％になる見通しです。２０２０年時点と比較すると、男性は9.7％、女性は5.7％上昇しており、男女とも単身化が大きく進んでいることがわかります。

また、２０２０年の国勢調査によると、50歳時点で一度も結婚したことがない割合は、男性で28・3％、女性で17・8％となっており、２０４０年には、男性29・5％、女性18・7％に達するようです。つまり、男性では約三人に一人、女性では五人に一人が未婚による「おひとりさま」になる時代が間近に迫っていることがうかがえます。

おひとりさま生活は、お金・健康・孤独など様々な不安を抱えます。しかし、不安を抱えて過ごすより、明るくポジティブに暮らしていきたいものです。

お金の不安は気持ち次第

ひとり暮らしの不安の一番は、やはりお金のようです。

しかし、老後の不安はお金といいながら、実際はいくらお金があれば安心かというと、よくわからない人の方が多いのではないでしょうか。その理由は、老後の収入と支出についてよく把握していない点が挙げられます。

２０２３年の総務省統計局の家計調査によると、65歳以上の高齢単身世帯の１ヶ月にかかる平均消費支出は約16万円となっています。

【単身世帯の１ヶ月平均消費支出】

（約）

食費	40,000円
住居費	12,500円
光熱・水道費	14,000円
家事用品	6,000円
被服費	3,000円
保険医療費	8,000円
通信、交通費	15,000円
教育・娯楽費	15,000円
その他（交際費含む）	31,000円
税金	6,500円
社会保険料	6,000円
合　計	157,000円

（参照：総務省家計調査・報告〈家計収支編〉2023年〈令和５年〉平均結果の概要）

一方、年金受給額は厚生労働省の「厚生年金保険・国民年金事業の概況」（令和4年度）によると、その平均受給額は、主に自営業・フリーランスが受け取る老齢基礎年金（国民年金）が5万6428円、公務員および会社員が受け取る老齢厚生年金（厚生年金）が14万4982円となっています。この受給額を見て、不安を覚えるのは当然かもしれませんが、自分の年金受給額が把握できれば、その受給額に応じたやりくり生活は可能です。

住宅ローンや子どもの教育費など人生における二つの大きな出費がなければ、収入の範囲で暮らすことが老後のひとり暮らしの基本になります。つまり、身の丈で生きるための知恵がひとり暮らしには必要です。

「不安だと思うから不安になる」

しっかり自分の財布の出入りが把握できれば、生活の知恵によって自由にひとり暮らしを謳歌できます。

「なるようになる」

楽観的な考え方が人生を豊かにします。年をとると使うお金も自然と少なくなるものです。

健康は節約の第一歩

ひとり暮らしの不安は、お金の次が健康です。健康とお金は密接な関係にあります。なぜなら、健康であることが節約につながるからです。

齢を重ねてくると、運動量が激減してきます。年々消費エネルギーが減り、皮下脂肪がたまり、体重が増えて肥満度が増します。そんな生活が続くと、糖尿病などの生活習慣病にかかるリスクも高まっていきます。まして、ひとり暮らしだと周りに口うるさく注意してくれる人がいません。自分で運動や食事などに気をつけ、健康でいるために節制することが大切になります。

年齢とともに、体が衰えてくることは仕方ありません。しかし、自分の身体を大事にしていくことを考えるだけで、健康に対する意識は変わってきます。健康的な生活が一番の節約になります。

しかし、ストレスを感じるような節制には注意が必要です。無理をせず、自分のペースを守って笑顔がこぼれるような生活が大切です。笑いは、免疫力を高め、認知能力の低下を抑えることが現代の医学でも証明されているようです。

見かけは大事

老後をひとりで暮らすとなるとお金の使い方と健康には十分気をつけなくてはいけません。しかし、生活を切り詰めるだけの節約だけでは楽しくありません。ひとり暮らしは自由度が高い生活ができるはずです。そのためには、世間の価値観に惑わされず、自分らしいお金の使い方をすることだと思います。

人生の中で楽しくひとり暮らしの生活をするためには、心の豊かさを大事にした生活が大切です。慎ましい生活であっても凛とした品のある生活をしたいものです。無駄なものは削ぎ落とし、本当に必要なものであれば、高価であっても迷いなく買い求めて、普段の生活では出費を抑える。生活を切り詰めても、一輪の花を買い部屋に飾るような生活を目指したいものです。

また、たまには、おしゃれをして食事にいったり、映画をみたり、コンサート鑑賞などに出かけるのも良いのではないでしょうか。こうした服装をすることで背筋が伸び、気持ちも引き締まります。自分自身が老け込まないためにも見かけをすっきり整えることはとても大事です。

実年齢に八掛け（はちがけ）した年齢を目標にするとシニア世代を輝いて生きることができるようです。

人生を楽観的に考える

「失ったものを数えるな、残されたものを最大限生かせ」

これは、パラリンピックの父と呼ばれるイギリスの医師ルードウィヒ・グッドマン博士の言葉です。今できることに目を向け、過去にとらわれず、未来をどう生きるかを教えてくれます。

老後資金は必要額ではなく、大切なのは貯めた金額の範囲で自分がどのような生き方をしたいのかを考えることが大切です。マスコミの報道は不安を煽るような情報を繰り返し流しています。しかし、いたずらに情報に流され不安がっても仕方ありません。

悲観的に考えず、楽観的に考えることが大切です。楽観的とは、根拠なくなんとかなるだろうではなく、将来起こるであろうことについて考え、早めにライフプランを立てることで計画的に行動することです。ただ不安がるだけでなく対策を打つことが大切です。

人生100年時代、まだまだ長い人生を心豊かに過去にとらわれず、未来におびえず、今の生活を機嫌よく自由に楽しんで生きることが大事です。

3

大学入学資金の準備

貯蓄から捻出？　奨学金を利用？

子ども一人当たりにかかる教育費は、幼稚園から大学まですべて国公立に通っても１０００万円程度はかかるようです。文部科学省の「子供の学習費調査」によると、小学校から高校をすべて公立に通った場合、子ども一人当たりにかかった一年間の教育費は、小学校で約35万円、中学校、高校は約50万円弱で済みます。

しかし、大学進学する時には、まとまったお金が必要になります。特に五十代は住宅ローンと重なり、家計の負担が最も重くなります。子どもの教育費による家計収支のマイナスを貯蓄でカバーできれば問題ありませんが、早めに資金計画を検討し、教育資金の準備を進めることが大事です。

また、一方で教育費の負担が大きくなる中、将来の老後資金も検討しなければなりません。

五十代の貯蓄額

金融広報委員会が2022年度に行った「家計の金融行動に関する世論調査」によると、五十代の金融資産保有額の平均は1253万円、中央値は350万円です。平均値は、富裕層などの極端なデータに引っ張られるため、中央値が平均的な世帯の貯蓄額です。

貯蓄額は、子どもの教育費の出費がかさむ時期によって「資産形成がしづらい」「お金を貯めづらい」などの理由によりバラつきがあるようです。一般的には、子どもの教育費の負担が軽減されたあとに経済的なゆとりが生まれ貯蓄額が増える傾向にあります。

大学進学にかかる費用

大学進学にかかる費用は、進学先によって異なりますが、日本政策金融公庫が公表しているデータから、およその金額が想定できます。

日本政策金融公庫のデータによると、２０２１年度の子ども一人当たりの大学入学費用は、国公立大学で67万円、私立大学の文系で82万円、私立大学の理系で89万円です。また、子ども一人当たりの１年間の大学在学費用は、国公立大学で１０４万円、私立大学の文系で１５２万円、私立大学の理系で１８３万円となります。

これらの費用を大学卒業するまでの４年間で換算すると以下の通りです。

◆大学でかかる費用（４年間）

国公立大学	約４８３万円
私立大学（文系）	約６９０万円
私立大学（理系）	約８２１万円

親元を離れてひとり暮らしとなると、さらに仕送りにより家計に負担がかかります。全国大学生活協同組合連合会の２０２２年の調査によると、一人当たりの仕送りの１ヶ月平均は７万１８８０円、１年間では86万円となり、４年間で約３５０万円の仕送りをすることになります。子どもの大学進学が重なるとその分家計の負担が増えます。

大学進学費用の準備

大学進学時にかかる費用はあらかじめ時期がわかっているので、事前に準備しておくことが大切です。準備する方法としては、事前に積立などの貯蓄で備えておくことが基本ですが、資金計画を考えた場合、貯蓄だけでは資金を準備するのが難しいことも考えられます。特に大学の入学準備資金などは高額になりますので、必要なお金がどうしても不足する時は、奨学金や公的・民間ローンを利用する選択肢もあります。

最も利用されている日本学生支援機構の奨学金は、学生の申し込みにより、返済義務のある「貸与型」と返済不要の「給付型」があります。多く利用されているのは「貸与型」です。なお、申し込みの際は、いずれも学力および親の年収基準を満たす必要があります。他の奨学金制度との併用は認められています。また、奨学金の振込は大学入学後なので、入学金などには充てられないことになりますので注意が必要です。

貸与型の奨学金は、大学卒業後に学生が返済しなければなりません。社会人になった時から借金を背負うことは子どもの負担になるので、奨学金を借りる時は必要な金額をきちんと計算して借入額を最小限に抑えることが大事です。

保護者が申し込む教育ローンには、公的教育ローンと民間教育ローンがあります。公的教育ローンは日本政策金融公庫が取り扱うもので、借入可能額は学生一人当たり３５０万円（海外留学資金は４５０万円）までとなります。公的教育ローンは、固定金利タイプで金利が低く返済期間が15年以内となります。また、ひとり親家庭や子どもが三人以上で世帯年収５００万円以内の場合は、金利および返済期間が優遇されます。

また、日本学生支援機構の奨学金と併用することができますが、親の所得制限があるため、利用できないケースもあります。

まずは、奨学金から検討し、所得制限や成績条件が合わず奨学金が借りられない場合に、次に検討するのが公的教育ローン、そして最後に民間教育ローンの検討が一般的です。

早めに資金づくりを始める

大学向けの資金は、進学先や親元を離れての一人暮らしなどの条件により必要な資金は異なります。しかし、まとまったお金が必要になるため、大学進学に向けて事前にかかる費用を把握し、早めに資金づくりを始めることが大切です。

併せて、五十代は子どもの教育資金の準備とともに、子どもの独立後のライフプランを立て、セカンドライフに向けた収支の見通しを立てることが大事になります。

4

まだ間に合う、五十代からの資産運用

投資初心者の賢い戦術とは

「資産形成には興味はあるけど、今から投資って遅いんじゃない」

長引く物価高の中、預貯金だけでは実質的にはお金の価値は目減りしてしまいます。人生100年時代を迎えた今、ゆとりあるセカンドライフを送るためには、資産形成における正しい知識を身に付け、賢く運用することが大切になります。

時間的な制約のあるシニア層にとって、これからの資産形成において不安を持っている方は多いと思います。投資の基本は、長期・積立・分散です。早く初めて長い間続けるほど効果があるといわれます。

老後を豊かに過ごすために、前向きに資産運用することは良いことです。一方で、投資にはリスクがありますので、よく考え、慎重に始めることが大切です。

資産運用の状況

日本経済新聞が２０２４年３月に調査会社マクロミルを通じて行った調査では、資産運用のイメージとして最多は将来の生活資金の蓄えであり、その次が貯金のようにコツコツ行うとのことでした。また、給料や年金などの定期収入のうち何%を資産運用に回しているかとの問いには、資産運用に10%以上回している人が50%に達し、20%以上の人も26%に上っていました。特に、二十代は10%以上回している人が62%、20%以上の人が36%に達し、資産運用に関する関心の高さがうかがえます。

五十代からの投資戦術

投資は余裕資金で行うことが鉄則です。この鉄則を外してはいけません。

投資で成功するためには、冷静で合理的な対処が大事です。しかし、余裕資金以外で投資をしてしまうと感情的な判断に左右されることが多くなります。例えば、株式市場の動きは、相場が上がったり下がったりします。たとえ、下がっている相場であっても、待っていれば相場は上がる可能性があります。しかし、感情的になると、上がるまで待つことができません。その結果、損をすることになります。必ず余裕資金で資産運用する鉄則を忘れないことです。退職金を元手に資金を全部投資に回すことは、最もやってはいけない行為です。

また、金融機関の窓口で薦められた金融商品を何も考えずに購入することは危険です。金融機関が薦める商品が必ずしも儲かる商品とは限りません。金融機関は会社が儲かる商品を勧める傾向にあります。会社は利益を上げなければいけませんので、担当者も会社が儲かる商品を売らなければいけません。顧客の利益を優先して提案する担当者もいますが、少ないケースだと思った方がよいです。

投資は、自身で投資に関する勉強や情報収集を怠らず行った上で始めることが大切です。シニア世代の資産形成は、まずは新NISA（少額投資非課税制度）のつみたて投資枠から始めることをおすすめします。新NISAの基本はインデックス投資による投資信託です。投資信託の商品の中でも、手数料が安く、年利が3~5%くらいの商品を選ぶとリスクは低くなります。

毎月コツコツと積み立て、長期にわたり投資を続けることで複利効果が大きくなります。

つまり、利益が利益を生む好循環で雪だるま式に利益が増えます。目先の相場に一喜一憂せず、将来に向けて長い目で資産運用を行うことが大事です。

余裕資金の範囲内で、成長投資枠でも投資信託に積立を行えば、より安定したリターンが期待できます。

リスクは最小限に

投資で大きな利益を得るためには、大きく相場が下がったタイミングで多くの資金を投入し、大きく相場が上がったところで売ることが利益を最大にすると言われます。しかし、どの時点が相場の底値か天井かは誰にもわかりません。ハイリスク・ハイリターンを狙った投資を行うと、そのタイミングを計りながら失敗してしまいます。

五十代や六十代のシニア層は、これから定年を迎え、収入は現役時代と比べて大幅に減少します。そのためハイリスク商品に大きく投資することは避けるべきです。シニア層が投資するには、リスクを低く抑えながら安定的に利益を出すことを優先することが大切です。そのためには、長期・積立・分散の投資の基本スタイルを守り続けることが有効です。

リスク許容範囲を知る

五十代や六十代のシニア層は、投資を行う場合、運用期間は限られます。シニア層にとって、まず初めに考えることは、自分自身のリスク許容度は低いことを知ることです。二十代や三十代の若いうちは、仮に運用に失敗したとしても、長い人生の中で取り戻す機会はいくらでもあります。しかし、定年を控えた五十代、定年を迎えた六十代にとって、投資による損失は老後の生活において切実な問題となります。

シニア世代にとって老後の主な収入は年金のみとなります。預貯金などの資産を取り崩しながら、資産寿命を延ばしていくためには、資産運用のリスクは抑えなければなりません。

また、SNSでの投資情報や投資本、知人の意見など、情報が偏ってしまうとリスクが高まってしまいます。知っているつもりにならないで、複数の様々な情報を取り入れ、投資判断することが重要です。中途半端な知識を持っている人の方が、過信して投資に失敗するケースも多いようです。最近は、投資詐欺も増えています。元本保証で儲かるようなおいしい話はありません。投資はリスクがあるものと理解することが大切です。

シニア層の投資では、できるだけリスクを小さくして資産寿命を延ばすことが肝心です。是非、自分の許容範囲の中で賢く資産運用し、お金に余裕のある豊かな老後生活を過ごしてほしいと思います。

5

節約生活の悩みを解消

メリハリをつけてお金を賢く使う三つのコツ

総務省が発表した２０２３年の家計調査では、二人以上世帯の消費支出が新型コロナの影響があった２０２０年以来、３年ぶりに減少しました。物価高が進む中、特に食料品などの日用品が減少しており、節約志向による買い控えが多かったようです。

しかし一方では、旅行や教養娯楽、外食などは消費支出が増えており、お金を上手に賢く使って生活を楽しんでいる方もいるようです。

このように、少しだけお金の使い方を見直すことで、日常における節約の悩みが解消されるかもしれません。

支出の見える化が第一歩

まず一つ目は、支出の見える化を行うことです。

支出の見える化がされていないと、毎月使ったお金の詳細がわからず、どこから節約すればよいかわからなく悩むことになります。

効果的にムダなく賢く節約するには、まず、支出の見える化を図り、何に使ったかをわかるようにすることが大事です。

そのためには、使ったものを洗い出し、家計簿をつけることが有効です。今は、家計簿をつけるといっても「家計簿アプリ」があるので、簡単にできます。

固定費の見直し

次に、固定費の見直しです。

節約に疲れてしまう原因の一つが、変動費である食費などの日常生活費やレジャー費、交際費を一生懸命節約していることです。節約で重要なのは固定費削減です。固定費の中から節約できる部分を見つけ、見直すことが大事です。

特に、節約できるのが、生命保険料、スマホなどの通信費、サブスク、スポーツジムや習い事など月謝のかかる費用です。これらを見直すことでムダを削減できます。

まずは、保険の見直しです。

公的医療保険に加入していれば、病気やケガで医療費が発生しても、自己負担は最大でもかかった医療費の3割です。また、高額の場合には、高額療養費制度で十分保障がカバーされ、一般的な収入の方なら、どんなに医療費がかかっても、1ヶ月の上限額（世帯ごと）は10万円ほどの支払いで済みます。

民間医療保険の原則は貯蓄では足りない不測の事態に備えるものですから、医療費を貯蓄でまかなえるのであれば、民間医療保険は不要です。

必要な保険は、掛け捨ての生命保険と火災保険、自動車保険（車両保険除く）の三つで十分です。死亡保険は、自分が死亡したあとに経済的に困る人がいる場合に加入します。子どもが独立しているのであれば、死亡した場合に必要な分だけ、掛け捨て型に加入すれば十分です。

もちろん、保険の選び方は加入される方の生活設計によって異なります。自らよく考え、ライフステージに合った保険を無駄なく選ぶことが重要です。

スマホ代などの通信費は、見直しを後回しにせず、早めにどのくらい安くなるのかを試算して見直すことでムダを削減します。

月謝は、利用していないのであれば、すぐに解約することをおすすめします。いつか利用するからと払い続けても、いつまで経っても利用しないことが多いです。

固定費には、ほかにも住まいや車の費用などがあります。住宅ローンや車の維持費でお金がかかっているようであれば、それらの見直しも検討が必要です。

お金をかけたいことに優先順位を

最後に、お金をかけたいコトやモノに優先順位をつけることをおすすめします。優先順位をつけることで節約にメリハリが生まれます。

必要以上にお金を使うことを我慢するのではなく、収入の一部を貯金や投資に回し、自分にとって必要なことには優先順位をつけてお金を使うと生活にゆとりが生まれます。

大切なのは、自分のやりたいことの優先順位を把握し、リスト化して計画を立てることです。

私はスポーツ観戦や旅行が好きなので、よく出かけます。一方で衣類や装飾品などのファッション関係や外食・飲み会などは最低限に抑えています。私にとっての優先順位は、モノではなくコトなので、まず自分がやりたいことの計画を立て、かかる費用を予算化することにしています。

お金は使うためにある

先の見えない将来に向け、お金は生きていくために必要なものです。いくらあっても足りないくらいでしょう。

特に、六十代からは、主な老後の収入が年金だけになるためお金の不安が増してきます。その不安を解消するために節約することはとても大切なことです。

しかし、六十代からは、子育ても終わり、仕事の面でも落ち着いた人生で一番楽しい時期です。毎日をイキイキと過ごすためにも、必要以上に節約に縛られることなく、今、やりたいことに賢くお金を使うようなメリハリをつけた人生を送りたいものです。

第2章

ラストチャンス!? 新NISA

6 あなたは大丈夫？

これだけは身に付けておきたい四つの金融リテラシー

２０２４年４月１日に金融経済教育推進機構が発足しました。金融経済教育推進機構とは、官民連携して国民の金融リテラシーを高める活動を行う組織です。

これは、政府が掲げている「貯蓄から投資へ」の取り組みをさらに推進させるものです。機構は個別相談を受けたり、金融教育の講師を務めたりするアドバイザーの養成や認定などを行います。そのことにより、金融経済教育を拡充させ、国民の金融リテラシーを高めることが狙いです。

それではなぜ今、「貯蓄から投資へ」の取り組みの中で、金融リテラシーの重要性が高まっているのでしょうか。

金融リテラシーとは何？

金融リテラシーとは、お金に関する様々なことを自分で考え選択する能力のことをいいます。つまり、経済的に自立し、より良い生活を送るために必要なお金に関する知識を得て判断するスキルを指します。

人生１００年時代、物価上昇、低金利などお金を取り巻く不安の中、老後を自分らしく安心して人生を楽しむためには、しっかりとした資産形成が必要です。

しかし、投資をはじめて行う方や投資経験が浅い方にとって、十分な金融リテラシーを持たないまま金融商品に投資することは、家計にダメージをもたらすリスクを抱えることになります。近年は投資詐欺も増加し、ＳＮＳや偽メール、偽サイトを経由したフィッシング詐欺なども横行しています。それらのことにより金融リテラシーの必要性は年々高まっています。

金融経済教育の状況

金融広報中央委員会が２０２２年に行った調査では、金融知識と判断力を問う正誤問題（25問）での正答率は55・7％でした。特に知識面では「インフレ」や「分散投資」、行動面では「お金への注意」についての項目で正答率の平均を下回っていたようです。

同調査で金融経済教育を受けた経験があると回答した割合はわずか7％であり、まだまだ金融経済教育が普及している状況にはありません。政府は、このような状況を打破し、国民の金融リテラシーを高めるために、金融経済教育を受けた人の割合を現状の7％から28年度を目途に米国並みの20％へ引き上げることを目標にしています。

投資に対する誤解

人生１００年を安心して暮らしていくための備えとして資産形成が必要です。しかし、投資に関しては未だに国民からの理解は得ていないようです。

日本では昔から、労働は尊いものであり、貯蓄は美徳であると教えられてきました。一方、投資は特別な人が行うものであり、危険で好ましくないものとされてきました。世阿弥の言葉にある「好色・博奕・大酒、三重戒、これ古人の掟なり」のように、色を好むこと、ギャンブルをすること、大酒を飲むことの三つは身を滅ぼす原因とされ、古くから強く戒められてきました。投資はギャンブルではないのですが、「投資で儲けたとか、損した」とかが話題になるため、投資は身を滅ぼしかねないものと、誤解されているのではないかという気がします。

2022年8月に発表された日銀の資金循環統計によると、家計の金融資産構成を見た場合、54・3％が現金・預金で、株式や投資信託は14・7％しかありませんでした。また、金融広報中央委員会の調査においても、今後、金融商品に投資することを考えているかの質問に対し、7.2％の人が投資しないと回答しています。この調査結果からも依然として投資に関しては、まだ心理的な壁があるようです。

この投資に対する誤解は、資産形成教育を受ける機会が少ないことにより金融知識が不足していることに起因しています。今後、人生設計やお金の使い方など、老後に向けた資産形成をするためには、お金に関して正しい知識を身に付けることが大切です。

身に付けるべき四つの金融リテラシー

では、どのようにして金融リテラシーを高めればよいのでしょうか。金融リテラシーが高い人は、次の四つを備えている傾向があるようです。

一つ目は、家庭の収支管理を適切に行い、習慣化させることです。家計管理は生活する上で基本となりますので、家計の赤字を解消して黒字を確保することはとても重要です。

二つ目は、ライフプラン（人生設計）を明確にすることです。将来に向けた生活設計を行うことで計画的にお金を管理することができます。

三つ目は、金融と経済の基礎知識と金融商品を選ぶスキルを身に付けることです。金融取引の基本として、契約する時、契約にかかる基本的な事柄を確認する習慣や、情報の入手先や注意点などを理解しておくことが大切です。また、資産形成商品や保険商品の選択の際なども商品についてのリスクや効果も理解することが重要になります。

そして最後の四つ目は、外部の知見を適切に活用することです。金融商品を利用するにあたり、自分でよくわからないことは、外部の知見を活用して判断することが大事になります。

資産管理の重要性

前述した通り、老後不安を解消するために、資産寿命を伸ばす手段として、投資に興味を持つ方は増えています。新ＮＩＳＡ（少額投資非課税制度）開始の影響もあり、日経平均株価の２０２３年度の終値は４万０３６９円となり、１～３月期に20・６％上昇しました。

今は、低金利で物価高のインフレの時代ですが、金融・経済をめぐる環境は時代によって大きく変わります。今後、様々な金融商品やサービスが出てくる中、そうした変化に取り残されずに、新しい情報を得て、自分に合った金融商品、サービスを活用することが大事です。

特に、年金が主な収入源となるシニア層は、終身にわたる資産管理が重要になります。そのためにも、老後は年金受給額などの範囲内で支出を抑えるライフスタイルに切り替え、金融リテラシーを高めて、自らの資産の管理・運用を心がけることが大切です。

7 新NISAを始める前に確認する資産運用の基本ルール

2024年7月11日、日経平均株価が初めて4万2000円を超え、過去最高値を更新しました。現在の株高は、バブル期を知るシニア世代にとっては、あまり高揚感がありませんが、若い世代を中心に新NISA（少額投資非課税制度）を機に株式投資を始めた人が多く、早く上昇相場に乗れるかどうかが最も重要であると考えているようです。

物価高のインフレが進む中、年金だけの老後資金では不安なシニア層にとっても、今後、資産運用への関心は確実に高まっていきます。その際、投資を始める前に、資産運用の基本ルールを理解しておくことがとても大事になります。

お金を三つのグループに分ける

シニア世代の中には、退職金などでまとまったお金があるので、少しでも資産を運用して増やしたいと思う方が増えているようです。

実際、預貯金を取り崩すだけの場合と少しでも資産を増やしながら預貯金を取り崩す場合では、資産寿命に大きな差ができてきます。シニア世代にとっては、上手に資産運用できることが老後の生活が豊かになることにつながりますので、非常に関心あるところです。

退職金などのまとまったお金が入ると、金融機関からの営業を受けることもあります。その時のためにも資産運用の基礎知識は持っておき、金融機関の営業に勧められるまま、株式や投資信託を数百万円単位で購入することは避けたいものです。

資産運用は、いきなり投資するのではなく、自分の資産を三つのグループに分け、それぞれに使うお金の目的や時期に応じて検討することが大事です。

〔すぐに引き出すことができるお金〕

まずは、普段の生活費や病気やケガなどのアクシデントに備えて自由に引き出すことができるお金です。普段の生活費とは、収入がなくても1年間は生活ができるお金が目安となります。最低限必要な1年分の生活費は預貯金として残しておきたいです。併せて、急な病気やケガなどのアクシデントに備えるお金も準備しておきます。

このお金は、必要な時に自由に換金できることが重要になります。必要な時にすぐに引き出すことができなかったり、中途解約のために手数料などのコストが発生したり、引き出す時期によって金額が変動するようなものは不向きですので、普通預金に預けていつでもATMなどで引き出せるよう用意しておくことが大事です。

〔将来に備えた目的のあるお金〕

次は、将来に備えた目的のあるお金です。

例えば、数年後に予定している海外旅行の費用や家のリフォーム代、子どもの結婚式援助費用などが当たります。このお金は、将来使う時期まで減らない安全性を重視することが大事になりますので、定期預金や国債での運用がおすすめです。

〔当分使わないお金〕

最後に、当分使う予定のないお金です。

このお金は、当分使う予定がない余裕のあるお金なので、株式や投資信託、外貨預金などの投資に回すことができます。物価高で低金利の時代では、資産価値は目減りしていきますので、老後生活に向けて資産寿命を延ばすために、収益性に着目し資産を増やすことを検討したいお金になります。

資産運用の注意点

お金を三つのグループに分け、「当分使う予定のないお金」で投資を始める検討に入る時に、注意すべき点が四つあります。

〔リスクとリターンの関係性を知る〕

「リスク」は危険という意味ではなく、値動きの幅を意味します。値動きの幅の大きい商品はリターンが多くなる分、リスクは高くなります。逆に値動きの幅の小さい商品はリターンが少ない分、リスクは低くなります。一般的に、預貯金や国債はローリスク・ローリターンです。これに対し、株式は高いリターンが期待できる一方、損をする可能性も大きいハイリスク・ハイリターンです。投資信託は、商品の種類によってローリスク・ローリターンのものも、ハイリスク・ハイリターンのものもあります。

最近、投資詐欺が増えているようです。ローリスク・ハイリターンをセールストークにするケースもあるようですが、「ローリスク・ハイリターン」とか「絶対儲かる」ということはあり得ませんので注意が必要です。

自分のリスク許容度を知る

投資には、リスクが伴いますが、価格の変動にどれだけ耐えられるのかが重要になります。一般的には、資産や収入が多く、投資経験が長い人ほど、価格の変動に耐えられるのでリスク許容度が高くなります。シニア世代は、現役時代と違って運用に失敗した時に、取り返す時間が短く、損した分を別の収入で穴埋めすることが難しいので、リスク許容度は高くないことを自覚することが大切です。

〔余裕のあるお金で行う〕

投資は、三つのグループに分けたお金のうち、いざという時に使うお金と減らしてはいけないお金を除いて投資することが絶対条件となります。

投資を始めて日の浅い人が、損した分を取り戻そうと、どんどん投資金額を増やしてしまうのは、よくあることのようです。反対に投資で儲かると面白くなってさらに投資金額を増やす場合もあるようです。エスカレートして、使ってはいけないお金まで投資に回すことがないよう、投資していいお金の範囲を決めておくことが大事です。

〔分散投資を心がける〕

投資の有名な格言で「卵は一つのカゴに盛るな」という言葉があります。

複数の卵を一つのかごに入れて運んでいた時、誤ってかごを落としたら、卵が全部割れてしまうので、卵を分けて運べば被害は少なくて済むという意味です。

投資も集中投資せず、商品を分散して運用すればリスクが分散して大きな損害を免れるという教訓になっています。

また、売買のタイミングも一度にまとめて行わず、分散させることによって、高値づかみを防ぎ、底値で手放すことも避けられます。
投資の基本は。「長期」「積立」「分散」です。

基本ルールを理解して賢く資産運用

物価高・低金利時代の中、金融機関に「お金をただ預けて眠らせておく」だけでは、現預金の価値が目減りし、生活が苦しくなります。そのため、自分の力でインフレ時代を乗り越えることが大事になり、これからの長い人生をより豊かに安心して暮らすためには、資産運用の必要性が高まっていきます。

今後、ライフプランを計画する上で大事になってくるのは、お金を預貯金で眠らせるだけではなく、お金を元手にして「自分のお金に働いてもらい、お金を増やす」ことです。新ＮＩＳＡも始まり、「貯蓄から投資へ」の機運も高まっています。これからは資産運用の基本ルールをしっかり理解し、賢い資産運用を行うことが重要です。

8

新NISAの始め方
初心者の方にもわかりやすく解説

2024年1月から新NISA（少額投資非課税制度）がスタートしました。

2024年7月11日には、日経平均株価が史上最高値の4万2000円の大台に初めて乗せ、株式市場は異常なほどの熱気に包まれました。

しかし、2024年8月5日には、日経平均株価がブラックマンデー超えの歴史的急落により4451円下落し、一転、翌日の6日には、上げ幅が3217円と急上昇して、たった2日で日経平均株価が乱高下する状況になりました。

この状況に、初めて投資を始めた方はパニック状態で不安になり、これから投資を始めようと思っていた方は、やっぱり投資は危ないものと感じたのではないでしょうか。

しかし、ここは少し冷静になって考える必要があります。

今、物価高により、老後の年金や貯蓄は実質目減りしています。老後の不安をなくすためには、自助努力によって資産を増やし、資産寿命を延ばす必要があります。

そのためには、老後に必要なお金を把握し、計画的に資産運用を行うことが大切です。

老後に向けて資産運用を始めた方、あるいは、これから始めようとしている方は、株価の動きに一喜一憂せず、原点に戻って、新ＮＩＳＡの仕組みと利用方法についてあらためて理解を深めることが大事です。

あらためて、新ＮＩＳＡとは？

この制度は、岸田政権下で掲げられた「資産所得倍増プラン」の柱となる制度です。

今、日本の全家庭の家計が保有する金融資産の総額は、２０００兆円を超えています。日銀が３月に公表した２０２２年10～12月期の賃金循環統計によると、２０２２年12月末時点の家計金融資産は２０２３兆円。そのうち、「現金・預金」の割合は55・２％。次が「保険」で18・７％。以下、「株式」が9.9％、「投資信託」が4.3％と続きます。

岸田政権下では、令和５年を「資産所得倍増元年」として、「貯蓄から投資へ」をスローガンに掲げ、わが国の家計金融資産の半分以上を占める「現金・預金」が投資によって、企業の成長投資の原資となり、企業価値が向上すれば、家計の金融資産所得はさらに拡大する「成長と資産所得の好循環」の実現を目指しています。

その取り組みの一つが、今回の新ＮＩＳＡ導入です。

新ＮＩＳＡのポイントは、年間投資枠の拡大、非課税保有期間の無期限化、非課税保有限度額の再利用が可能になったことが挙げられます。

年間投資枠は、つみたて投資枠で年間１２０万円、成長投資枠が年間２４０万円、合計の年間枠が上限３６０万円と従来より年間枠が２００万円増額となりました。

また、非課税保有限度額は両枠あわせて１８００万円で非課税保有期間は無期限となりました。非課税保有期間が無期限となり、資産運用がライフプランに応じて長期的目線での運用が可能になりました。

一方、非課税保有限度額（枠）の再利用も可能となりました。例えば、１００万円相当の資産を売却した場合、翌年には１００万円分の枠が復活します。つまり、住宅購入や子どもの進学など、まとまった資金が必要な時に資産を売却しても、翌年には投資枠が復活して再利用できます。

いつでも、自由に運用しているお金を引き出せることが、新ＮＩＳＡのメリットです。

新ＮＩＳＡを始めるには

ＮＩＳＡを始めるには、金融機関での口座開設が必要です。

ＮＩＳＡは、一人１口座しか開設できないので、Ａ社とＢ社のように口座を分けて、複数作ることはできません。

すでにＮＩＳＡ口座を開設している方は、手続きなしで自動的に従来のＮＩＳＡ口座と同じ金融機関で新ＮＩＳＡ口座が開設されます。

〔金融機関の選び方〕

金融機関の選び方は、取扱銘柄が多い、ポイント還元などの独自サービスが充実、株式取引のしやすさ、手数料が安いかがポイントとなります。

新ＮＩＳＡの成長投資枠では、個別株式も購入できるので、投資信託しか買えない銀行よりも証券会社の方が、断然おすすめです。

ネット証券は株式取引がしやすく、手数料が安いのでおすすめです。

業界最大手のＳＢＩ証券は２０２３年8月31日「ゼロ革命」と銘打って、日本株の現物取引と信用取引の手数料を２０２３年9月30日の注文分から無料化しています。

一方、対面販売は、人件費などのコストがかかるため、手数料は高くなります。販売する側も、投資信託では手数料の高い商品を売りたいため、顧客への説明を将来の株価動向など手数料以外の要素に惹きつけがちになるので、注意が必要です。

投資信託にかかる手数料には、購入時にかかる手数料（販売手数料）、保有時にかかる手数料（信託報酬と監査報酬）、売買時等にかかる手数料（売買委託手数料と信託財産留保額）があります。その他にも一部の投資信託では、解約時に販売会社に支払う「解約手数料」がかかる場合や、運用成績に応じた成功報酬を負担する場合もあります。

これらの費用については、必ず、投資信託説明書（目論見書）で確認しましょう。

投資はリスクの許容範囲内で

政府の「資産倍増プラン」では、２０２２年6月末の時点で１７００万だったＮＩＳＡ

の総口座数を5年間で３４００万に倍増させることを目指しています。

ただ、従来のＮＩＳＡについては、口座開設したにもかかわらず、まったく使用していない「未使用口座」が全体の27％あります。日本では、まだまだ「投資」に対して、ハードルが高いようです。

ＮＩＳＡは投資で得た利益にかかる約20％の税金が非課税になる、とても有利でお得な制度です。

この制度を有効に賢く活用することが、老後の資産形成に向けての一つの取り組みになります。

しかし、投資を始めるには、他人の意見に惑わされず、自分で勉強し理解することが大事です。

まず、新ＮＩＳＡを始めるには、自分が「成長投資枠」「つみたて投資枠」どちらの枠で、どのような金融商品に投資するのかをしっかり把握し、リスクの許容範囲を理解した上で始めましょう。

9

新NISA開始時の悩み
初心者には、投資信託？ 個別株？

「2月13日は（語呂合わせで）NISA（ニーサ）の日」

日本経済新聞によると、新NISA（少額投資非課税制度）口座経由の購入額が2024年1月から1ヶ月間で1兆8000億円を超えました。そのうち、投資信託の購入比率が6割を超え、米国など世界の株式に投資する商品に人気が集中したようです。

東京株式市場での日経平均株価も終値でバブル期を更新するなど、政府の掲げた「貯蓄から投資へ」への機運は高まっています。

しかし、これから新NISAを使って投資を始めようとする人にとっては、新NISAは理解できたが、なにを買えばよいかと悩んでいる方も多いのではないでしょうか。

低金利・物価高時代

今の日本は、低金利で物価高であり、老後の年金や預貯金は実質目減りする時代になっています。今後は、将来に備えて資産形成をして、お金を貯めることと増やすことに分け、上手に資産運用することで、大切なお金を預貯金で眠らせるのではなく、お金に働いてもらって増やすという考え方が重要です。

従来、金融商品から得られた利益には20・315％〈所得税15・315％〈復興特別所得税0・315％含む〉、地方税5％〉の税率で税金がかかっていましたが、新ＮＩＳＡであれば、無期限で非課税となりますので、効率的な資産運用ができます。

「成長投資枠」と「つみたて投資枠」

新ＮＩＳＡには、「成長投資株」と「つみたて投資枠」の二つの枠があります。「成長投資枠」は年間で２４０万円、「つみたて投資枠」は年間１２０万円の投資が可能です。新ＮＩＳＡでの投資限度枠は１８００万円ですので、毎年枠をフルに利用すると、

5年間で限度枠に到達します。

「成長投資株」は投資信託と上場株式ともに購入することができ、「つみたて投資枠」は投資信託の購入のみです。投資信託は、銀行・証券会社ともに購入できますが、上場株式は証券会社でしか購入できませんので、口座開設時は注意が必要です。

新NISAの活用プラン

新NISAの活用プランは、年代によって多少異なります。

二十代から四十代までの若い世代は、少ない資金を毎月コツコツ積み立てる、「つみたて投資枠」を活用した投資信託がおすすめです。長期・積立・分散で投資リスクを低く抑えることができます。また、長期投資による複利効果も期待できます。

五十代以降、特に六十代からは運用期限が限られるので、当面使う予定のないお金が預貯金であるのであれば、なるべく早く預貯金から新NISAへ資金をシフトすることがおすすめです。

活用プランは、まとまった資金があるなら、投資信託の「つみたて投資枠」と「成長投

郵便はがき

料金受取人払郵便

新宿局承認

2524

差出有効期間
2025年3月
31日まで

(切手不要)

160-8791

141

東京都新宿区新宿1－10－1

(株)文芸社

愛読者カード係 行

<table>
<tr><td>ふりがな
お名前</td><td colspan="3"></td><td>明治 大正
昭和 平成</td><td>年生 歳</td></tr>
<tr><td>ふりがな
ご住所</td><td colspan="4">□□□-□□□□</td><td>性別
男・女</td></tr>
<tr><td>お電話
番 号</td><td>(書籍ご注文の際に必要です)</td><td>ご職業</td><td colspan="3"></td></tr>
<tr><td>E-mail</td><td colspan="5"></td></tr>
<tr><td colspan="3">ご購読雑誌(複数可)</td><td colspan="3">ご購読新聞
新聞</td></tr>
<tr><td colspan="6">最近読んでおもしろかった本や今後、とりあげてほしいテーマをお教えください。</td></tr>
<tr><td colspan="6">ご自分の研究成果や経験、お考え等を出版してみたいというお気持ちはありますか。
ある　　ない　　内容・テーマ(　　　　　　)</td></tr>
<tr><td colspan="6">現在完成した作品をお持ちですか。
ある　　ない　　ジャンル・原稿量(　　　　　　)</td></tr>
</table>

書　名				
お買上 書　店	都道 府県　　市区 郡	書店名	書店	
		ご購入日	年　月　日	

本書をどこでお知りになりましたか?
1.書店店頭　2.知人にすすめられて　3.インターネット(サイト名　　　)
4.DMハガキ　5.広告、記事を見て(新聞、雑誌名　　　)

上の質問に関連して、ご購入の決め手となったのは?
1.タイトル　2.著者　3.内容　4.カバーデザイン　5.帯
その他ご自由にお書きください。
(　　　)

本書についてのご意見、ご感想をお聞かせください。
①内容について

②カバー、タイトル、帯について

弊社Webサイトからもご意見、ご感想をお寄せいただけます。

ご協力ありがとうございました。
※お寄せいただいたご意見、ご感想は新聞広告等で匿名にて使わせていただくことがあります。
※お客様の個人情報は、小社からの連絡のみに使用します。社外に提供することは一切ありません。

■書籍のご注文は、お近くの書店または、ブックサービス(0120-29-9625)、セブンネットショッピング(http://7net.omni7.jp/)にお申し込み下さい。

資枠」の併用も可能です。投資初心者の方は、「成長投資枠」は、投資信託をまとめて投資するよりもつみたて投資を活用した方が、ハードルは低くなります。

例えば、「成長投資枠」で月20万円、「つみたて投資枠」で月10万円の積立を年利3％、5年間行った場合、金融庁の資産運用シミュレーションで計算すると、元本1800万円に対し、最終積立金額が1939万円となり、139万円の利益がでることになります。資産運用シミュレーションで簡単に計算できますので、試算してみてはいかがでしょうか。

投資信託の仕組み

投資信託は、多くの投資家からお金を集め、集めたお金を株式や債券などに投資し、運用・管理する金融商品です。その運用成果が、投資額に応じて投資家に分配されます。

つまり、投資信託の仕組みは、証券会社や銀行等がお金を集め、集めたお金を信託銀行が保管・管理し、信託銀行が運用会社の指示を受けて株や債券の売買を行うものです。実質的な運用は運用会社が行っています。証券会社や銀行の担当者は、商品の販売が目的となります。

投資信託はリスク商品に投資するため、預貯金とは異なり元本の保証はされません。また、投資信託を取引する際には、購入する際に必要な購入時手数料、投資信託を運用・管理するために保有中も定期的に支払う運用管理手数料（信託報酬）、さらに監査報酬、売買委託手数料、信託財産留保額など、様々な費用の負担があります。

こうしたことから、手数料の高い商品への投資、投資信託の一括購入などは、リスクが増すため、なるべく避けることが賢明です。また、投資信託の分配金には、普通分配金と特別分配金（元本払戻金）があります。普通分配金は運用益から支払われるものですが、特別分配金は、積み立てた資産から払い出されるため、保有資産が減少します。

どのような費用を負担するかについては、目論見書で必ず確認することが大事です。

インデックスファンドとアクティブファンド

投資信託の運用スタイルには、インデックスファンドとアクティブファンドの二種類があります。

インデックスファンドは、日経平均株価やＴＯＰＩＸ（東証株価指数）などの指標をべンチマークとして、その動きに連動した運用成果を目指すものです。アクティブファンドに比べてコストは低めです。アクティブファンドは、ベンチマークを上回る運用成果を目標にしています。そのため、銘柄の調査・分析に時間やコストがかかるので、運用管理費用（信託報酬）がインデックス型ファンドよりも高くなります。

リスクやコストをなるべく抑えて、長期的に運用したい方には、インデックスファンドがおすすめです。一方、まとまった資金で大きなリターンを狙いたい、将来性のある企業に投資したい方はアクティブファンド向きです。

また、投資を長期・積立・分散で運用すると、ドル・コスト平均法により、投資金額を一定にすることで、価格が低い時には購入口数が多く、価格が高い時には購入口数が少なくなり、平均購入単価を抑えることが期待できます。

個別株式投資

今、日本では超低金利が長引いていますので、預貯金より高い配当利回りで、短期的な株価変動での利益が期待できる個別株式投資は魅力的です。ただし、株価の変動率が大きいので、元本を割ってしまうリスクは投資信託より高くなります。

個別株式投資で得られる収益には、株価が安い時に買い付け、高くなった時に売却して得られるキャピタルゲインと株式の保有中に企業の業績等に応じて、配当金が受け取れるインカムゲインがあります。最近の人気は配当金狙いの高配当株への投資です。

インカムゲインは、企業業績が拡大傾向となれば、配当金の増加が期待でき、反対に業績が悪化すれば、配当金の減少、場合によっては、無配となるリスクがあります。

個別株式投資は、高配当株で配当金を得たり、株価の上昇で利益を得たり、それぞれのライフプランに合った投資ができます。

金利と株価の関係

株式投資をするにあたり、株価の変動メカニズムを知っておくことは重要です。

金利の上昇・低下は株価に大きな影響を与えます。金利の低下時には、企業の資金調達のコストが下がり、企業業績が改善されると、投資家は預貯金よりも投資の方が有利と考え株式投資が増えます。その結果、金利の低下は株価の上昇要因となります。

逆に、金利の上昇時には、企業にとっては資金調達のコストが上がります。企業業績が悪化すると、投資家は、無理して株式投資はしなくなります。つまり、金利の上昇は株価の下落要因になります。

また、株式市場への資金の流入、流出も株価に大きな影響を与えます。投資家の株式投資への期待が高まり、市場に資金が流出すれば、取引の需要と供給の関係から株価が上昇します。逆に、株式投資への期待が低下、あるいは株式投資への不安が広がれば、市場への資金の流入が減少し、需給関係から株価は下落します。

主な株式指標

日経平均株価は、日本の株式指標を代表する指標で、東京証券取引所プライム市場に上場されている銘柄から代表的な２２５銘柄を選んで計算している指標です。

ＴＯＰＩＸ（東証株価指数）は、東証（東京証券取引所）に上場している銘柄を広く網羅し、１９６８年１月４日の時価総額を１００とした時価総額指標です。

そのほか、グローバルな投資基準に求められる諸要件を満たした４００銘柄で構成されたＪＰＸ日経インデックス４００、Ｓ＆Ｐダウ・ジョーンズ・インデックス社が発表している米国の主要な５００銘柄で構成された時価総額指標であるＳ＆Ｐ５００種株価指数などがあります。

インデックスファンドは、このような指標をベースに商品がつくられています。

新ＮＩＳＡの良い活用を

老後のお金の不安を解消するためには、資産運用によって自分の持っているお金を預貯金と投資に配分して効率的に増やしていくことが大切です。新ＮＩＳＡは、非課税であり、資産運用するにはとても良い制度ですが、うまく活用するためには、自分のリスクの許容範囲内での運用やライフプランに基づいた活用など、基本を理解して投資することが大事です。

第3章

「シニア」と呼ばれて

10
シニア世代の生きづらさ
あなたは固定観念を捨てられますか？

近年、価値観の多様化が進み、個が重視されるようになっています。

その中でも、社会的・文化的な性差をなくす「ジェンダーレス」という考え方はメディアを通じて、世間にかなり広く浸透してきました。最近では、新しくジェンダーフリーという言葉もよく耳にします。

今の時代、シニア世代にとっては男女差別や偏見・思い込みなど、従来の固定観念に縛られていると、心の健康まで悪影響を及ぼしてしまうようです。

ジェンダーフリーとは？

ジェンダーフリーとは、「性別にとらわれず、それぞれの個性や資質に合った生き方を自分でできるようにする」との考え方です。

例えば、昔ながらの「女性は家事、男は仕事」といった固定観念を押し付けず、性別の違いによる役割をなくす取り組みがあげられます。

また、女性がリーダーや管理職に就けないケースや男女での賃金格差や男性の育児休暇に対する偏見などの課題もジェンダーフリーに該当します。

固定観念の強い人は病気になりやすい

日本の社会では、子どもの頃から潜在意識として「男らしさとは」とか「女らしさとは」という観念を植え付けるような教育がありました。例えば、ランドセルの黒は男の子、赤は女の子みたいに常識として暗黙の了承みたいなものです。

また、日本の社会では、「男は強くならなければならない」「男は弱音を吐いてはいけない」「男は会社では出世しなければいけない」「女性は良妻賢母で家庭を守る」「女性は会社ではアシスタント業務を行う」みたいに、性別による役割に対し「こうあるべき論」が支配し、無意識のうちに固定観念が存在していました。

昭和の時代は、職場で女性が男性にお茶を出し、机の上にある煙草の灰皿を掃除する光景も見受けられました。きっと当時も、価値観が固定的でいやだなと感じていた人もいたはずです。

京都大学の研究員チームが国際老年精神医学会誌に発表した2019年から2020年にかけて高齢者2万6000人に実施したアンケートによると、「家の外で働くのは男性の役割」「家庭を守るのは女性の役割」といった男女の役割観の強い人は、そうでない人に比べて心の健康状態が悪い傾向がみられたそうです。

つまり、固定観念が強い人は、自らのこだわりや思い込みによる精神的な苦痛から健康を害するようです。

固定観念にとらわれないように

このように、従来の固定概念に執着することによって、精神的な苦痛から健康を害することは会社の中でもよく見られます。

四十代〜五十代の人では、「男は弱音を吐いたら出世できない」とか「家庭に会社での悩みを持ち込んではいけない」という固定観念に執着した結果、自分で悩みを抱え込んでうつ病を発症してしまい、会社に出社できなくなるケースがあります。

私の周りでも、五十代でうつ病になり、会社を辞めてしまった人がいました。私も四十代〜五十代の頃は、「会社は戦場だ」「戦国時代と同じで戦いに敗れたら終わり。人に弱みは見せられない」と妻に話していたそうです。今では笑い話です。

60歳を過ぎると、働き方は一変します。仕事を続ける環境が整うのはいいのですが、問題は組織内での立場が急激に弱くなり、給与も大幅に減少することです。

内閣府が発表した就業状況調査では、男性の場合、就業率が60〜64歳で82・7%、65〜69歳で60・4%となっています。その大半の方は、再雇用で嘱託・契約社員の立場で働くわけですが、パーソナル総合研究所が2021年に行った調査によれば、定年後の再雇用者の年収は定年前に比べ平均して44%も低下するようです。

多くの方は定年前とほぼ同様の職務でありながら権限や責任はなくなります。

六十代は、再雇用の際に起きる自分のプライドと仕事や待遇のギャップから、「仕事にやりがいがない」「自分の働きが会社に認められていない」「元部下たちからの仕事の相談がなくなった」など、期待されていない喪失感から現状に対し不平・不満を持ち、働く意欲が低下するようです。

この場合も、「こんなはずじゃない。こうあるべきだ」といった固定観念が強く影響しています。

固定観念を捨てて、楽しい毎日

戦後に生まれた今のシニア世代は、子どもの頃から受験など常に激しい競争の中で育ってきました。会社に入ってからも、「出世競争に勝たなければならない」「高収入を得て、社会的評価を得るべきだ」といった「男らしさ＝競争に打ち勝つ強い男」を求められ、その呪縛にとらわれていました。

シニア層の意欲低下は、こうした人生への不安や葛藤を抱く固定観念が強く、定年を境に現状とのギャップによる抑うつ症状の心理的危機が押し寄せてくるようです。

近年の価値観が多様化し個を重視する時代では、従来の「こうあるべき」との固定概念は、自らの人生を生きづらくします。

人生の後半、シニア世代にありがちな「こうあるべきだ」という固定観念に執着した結果、自分で悩みを抱え込んでしまい、アルコール依存症やうつ病になって周囲から孤立することは避けたいです。そのためには、呪縛から解き放されて視野を広げ、もっと自由で柔軟性のある価値観を持つことが必要です。

私も退職前は「こうあるべき論」に執着するところがありました。固定観念から外れている考えに対し、一方的に自分の価値観を押し付けたこともあります。

退職後はその固定観念を捨て、男女問わずそれぞれのできることによって役割を決めることが適切だと思っています。家事も妻と役割を分担し、たまに料理を作ることで楽しい時間を過ごしています。

「こうあるべきだ」という固定観念で自分や相手に対してプレッシャーをかけ、価値観を押し付けることはつまらないことです。それぞれの個性や資質に合った生き方を尊重することができれば、人生のセカンドステージもきっと笑顔あふれる毎日が送れるはずです。

11

おじさんは嫌われる？シニア世代がかっこよく生きるには

２０２４年明治安田生命が行った「理想の上司ランキング」のアンケート調査結果が発表され話題になりました。男性の１位は「内村光良」、２位が「大谷翔平」、３位が「ムロツヨシ」、４位以下は「安住紳一郎」「栗山英樹」「川島明」と続きます。全般的なイメージとしては、「親しみやすい」「相手の意見に耳を傾けてくれる」「知的・クール・スマート」などのようです。

ひと昔前の「厳しく指導する」「情熱的である」「周囲を引っ張るリーダーシップ」タイプの上司像は時代に合わせて大きく変わってきた感じです。

シニア世代も、これからの人生を楽しく生きていくためには、時代に合わせて変わっていくことが大切のようです。

おじさんのイヤなところ

シニア世代は大人の男性として、スマートにかっこよく生きて、周りからステキと思われるような存在になりたいものです。しかし、世間の「おじさん」に対するイメージは、あまりよくないようです。

【おじさんの嫌だと思うところ】

- 過去の栄光にしがみつき、自慢話を繰り返す
- 頑固で新しい意見や変化に対して柔軟でない態度
- 自己中心的で自分の考えや意見を押し付ける
- 身体の清潔さや体臭に対する意識が低い
- 他人を見下す態度
- 周りに不快感を与える振る舞い
- 弱みや不安を隠して独りよがりになる

つまり、嫌われるおじさんの特徴は、「威張っている」「清潔感がない」「無神経」の三つのようです。

社会学の観点では、人は齢を重ねると保守的になるそうです。加齢によって新しい価値観を受け入れることが難しくなります。大人は自分の人生で経験したことに対する意識が強く、新しい価値観を受け入れたり、行動を変えることは容易ではありません。

しかし、時代は大きく変わっています。おじさんが嫌われずに、かっこよく生きるためには、新しい価値観を受け入れることはとても大事なことです。

おじさん化しないためには

シニア世代の中にも、清潔感があって若々しく、この人かっこいいなと思うような人がいます。一方では、実年齢よりも老けて見え、うつむいて自信なさそうで、この人はちょっとみっともないなと思うような人もいます。

なぜ、同じ世代でありながら、まったく違った印象になるのでしょうか。

老化現象には、加齢に伴う衰え、興味や好奇心の喪失、夢や希望がなくなる自信の喪失の三つがあるようです。

この三つの老化現象が重なると、一気に老け込んでしまうようです。つまり、三つの老化現象を防ぐために、かっこよく齢を重ねる意識がないと「おじさん化」しやすいようです。

日本の社会では、老いに対する受け止め方が否定的でネガティブに捉える傾向がります。例えば、「もう歳だから」と自ら行動をあきらめてしまうことがいい例です。一方、欧米の社会では、年をとることに肯定的で、いくつになっても自分に対して自信があり、いつまでも現役でいようという気持ちがあるようです。

欧米では、齢を重ねることは、多様性を受け入れて人間的に成熟し、人生が豊かになることであることと理解しています。日本では、「かっこよく齢を重ねる」という意識が少なく、過去の経験や価値観に捉われる傾向にあります。

シニア世代は品よく賢く

人間が年をとるのは仕方がないことですが、ヨボヨボになって長生きするよりも、体が元気で頭もシャキとしていたいものです。年をとってからも、「品がいい」「賢い」「おもしろい」「一緒にいたい」とみんなから思われるようになりたいものです。

そのためには、次の三つの「かっこよく齢を重ねる意識」を持つことが大事です。

〈フラットな関係づくり〉

- 年齢など関係なく、人と人との関係をフラットに構築する
- 日常の何気ない挨拶も相手に伝わるように、しっかり快活に行う

〈好奇心を持ち続ける〉

- なにかに興味をもったら、年齢を理由に「もういいや」とあきらめない
- 考え方を柔軟にし、何事にもアンテナを高くして興味関心の感度をあげる

〈清潔感を常に意識する〉

- 髪型、ファッションなどを定期的に第三者的な目線でチェックする

今、厚生労働省でも健康増進活動として「スマート・ライフ・プロジェクト」を推進しています。１日の歩数目標は、男性が９２００歩、女性が８３００歩。まずは、運動することから意識を変え、健康でイキイキとした「品のある賢くかっこいいおじさん」を目指したいものです。

12

あなたはなぜ働き続けるのか

残りの人生で一番大切なものは何ですか？

「定年退職制度は、急激な少子高齢化社会ではもはや不適切である。」

経済協力開発機構（ＯＥＣＤ）は２０２４年1月に発表した対日経済審査報告書において、日本は経済財政の持続可能性の確保と生産性の向上、そして急速に進む人口高齢化による経済的・社会的影響へ対処するためには定年退職を廃止し、労働力を確保すべきと主張しています。また、定年制は世界標準ではなく、米国や英国では、年齢差別に当たるとして禁じています。

60歳以降、定年という概念がなくなった時、私たちは自分の判断で働き方を選択しなければなりません。

高齢者の就業

総務省統計局が発表した統計では、２０２２年の65歳以上の高齢者就業数は、２００４年以降、19年連続で前年に比べ増加して９１２万人、就業率（65歳以上人口に占める就業者の割合）は25・２％となっています。

一方、欧米諸国における就業率を見ると、米国が18・６％、カナダ13・９％、イギリス10・９％、ドイツ8.4％、イタリア4.9％、フランス3.9％などとなっており、年齢差別や働く権利を主張する欧米諸国よりも、定年制がある日本の方が高齢者の就業率が高い水準にあります。

アリとキリギリス

イソップ萬話にアリとキリギリスの物語があります。

ご存じの通り、夏に勤勉に働いたアリと自由に遊んで過ごしたキリギリスの話です。結末は、夏に冬の食料を蓄えるために一生懸命働いたアリは生き残り、遊んで過ごしたキリギリスには悲惨な現実が待っていました。

この話は教訓として、生きるために一生懸命働くことの大切さを伝えています。しかし、勤勉に働いたアリは人生を楽しめたかという疑問が残ります。

アメリカのヘッジファンドのマネージャーであるビル・パーキンスが書いた『DIE WITH ZERO　人生が豊かになりすぎる究極のルール』という書籍が昨年注目されました。この本のまえがきにアリとキリギリスの寓話が出てくるのですが、「アリの末路」については、非常に興味深く考えさせられました。

果たして、アリの人生は奴隷のように働くだけで、ほんとうに楽しかったのかと思います。もちろん、生きるためには働かなければなりません。しかし、働くこと以外にも楽しみたいことがあったはずです。

今を大切に生きる

多くの人は、今の生活が永遠に続き、人生が果てしなくあるような感覚で毎日を過ごしています。しかし、人生には必ず終わりがあり、残された時間の中で最大限に人生を楽しむ方法を常に考える必要があります。

大切なのは、今しかできないことにお金と時間を使うことです。お金を無駄にすることを恐れて機会を逃すのはもったいないですし、働くことだけに時間を使うこともつまらないと思います。自分にとって大切なこと、幸せを感じられることを知り、その経験にお金と時間を使うことはとても大切なことです。

節約してお金を貯めたり、汗水流して働くことはとても大事なことです。しかし、少し視点を変え、今やりたいことや喜びにお金や時間を使うことも良いのではないでしょうか。

健康なくして富に価値なし

齢を重ねてくると、残念なことにやりたくてもできなくなってくることがあります。自分では若いつもりでも、加齢によって確実に体力と気力は衰えます。

例えば、60歳を超えて急にサーフィンを始めたいと思っても、身体能力が衰え、とてもサーフィンができるような体力はないでしょう。また、足腰が弱くなると遠くへ旅行に行ったりすることが困難になります。気力が衰えると外出することさえ面倒になるでしょう。

多くの人にとって、旅行に行くことができない理由は、若い時は「時間」だったものが、年をとってからは「健康上の理由」に変わるようです。

人生の幸福感を感じるのは「人生の思い出」です。思い出を積み重ねることで人生を豊かに生きることができます。健康に不安がなく、様々な体験ができるうちに、たくさんの思い出をつくりたいものです。

年をとり、経験する機会を失ってから「もっと若い時にすべきだった」と後悔することだけは避けたいです。

Your Money or Your Life

『お金か人生か　給料がなくても豊かになれる9ステップ（Your Money or Your Life）』（ヴィッキー・ロビン、ジョー・ドミンゲス著）では、収入は必ずしも労働の時間単位の価値を表していないので、年収7万ドルの人より年収4万ドルの人の方が1時間あたりに得ている価値は大きいかもしれないと記しています。

つまり、年収7万ドルの人は、その仕事に必要なエネルギーやコスト（長い通勤時間・相応しい衣服費・長時間労働・交際費など）を使い、また何かを楽しむ時間も少なくなるため、結果として年収4万ドルの人よりも貧しくなってしまう可能性があるようです。仕事を比べる時は、この隠れたコストを考えることが大事になります。

選択の意識

人生を豊かに生きるためには、今経験できるはずの喜びを先送りすることなく、明確な将来に向けたライフプランを持ち、同時に今を楽しむことも忘れないような生き方が大切です。

人生は、果てしなく出世や高収入を目指すものではありません。また、自分や家族を大切にせず、ただ漠然と働くものでもないと思います。人生では、常に目の前に選択肢があり、自分の価値観が反映されます。自分らしく豊かに生きるためには、今を大切にして「時間」と「お金」を最大限に生かした賢明な選択をしていくことが大事です。

13

六十代は寂しい？
定年後に孤独を感じないための三つのコツ

人生100年時代、老後の三大不安はお金・健康・孤独といわれています。

多くの人が、定年後は第二の人生を楽しみたいと思っています。しかし、シニア世代の方の中には、自分としっかり向き合い感情をコントロールしている方と孤独感と不安感に押しつぶされて、感情的になって孤立してしまう方がいます。

最近、高齢者のアルコール依存症が増加傾向にあるようです。また、高齢者による暴力・セクハラ・犯罪なども社会問題になっています。現代のストレスが多い社会の中で、抑圧された高齢者が感情を爆発させて孤立する。これらの背景には、自分の居場所がなくなる寂しさや不安からくる孤独感があるようです。

自分の居場所がない寂しさ

定年後、厳しいビジネス社会から退いて、精神的に楽になるかと思っていたら、家には居場所がなく妻から煙たがれ、かえってストレスを感じることがあるようです。気がつくと、さみしさと退屈さで、昼間から飲酒するようになり、飲酒する限度を超えて、抑うつ的になるケースもあるようです。特に六十代の男性は家庭で浮いたり、孤立しがちです。

日本最大のアルコール依存症治療機関である久里浜医療センターによると、20年前は入院患者の10％が高齢者の患者であったのが、最近は30％前後に増加しており、特に、定年後、自由な時間が増えたことで飲酒量も多くなり、依存症になる人が目立つようです。

定年後は、仕事中心で家庭を顧みなかったことを反省し、あらためて妻や家庭と向き合い、関係を深めることが大事です。

趣味などで気分転換

仕事中心の生活で趣味を持っていない人は、定年後に時間を持て余してしまい、寂しさを感じるようです。一方、熱中できる趣味がある方は、没頭することで寂しさを感じにくく、イキイキと過ごすことができます。

趣味のない方は、まずは、ウォーキングや楽器、絵画など、ひとりで没頭できる趣味から始めるのがおすすめです。たまに、近所をジョギングしていると、夫婦で散歩しているシニアの方々を多く見かけます。気分転換にもなりますし、何より健康管理に役立ちます。

一方で、サークルなどに入って仲間と一緒に趣味を楽しむことも大切ですが、人間関係でストレスを感じないようにすることが大事です。過去の自慢話やプライドのひけらかしは禁止です。周囲の反感を買って嫌われます。しかし、プライドが高くて、つい偉そうな態度をとって、周囲の反感を買ってしまう人は、想像以上に多いようです。

定年後、「現役時代の肩書」に頼らない生き方が大切です。

頑張りすぎず、力を抜いて生きる

定年後は、少し頑張ることをやめて、力を抜いた姿勢でいることが大切です。目標が高く、生涯現役という気持ちで頑張りすぎる人は、自分の可能性が絶たれた途端に強い絶望感から「老人性うつ」のきっかけになることもあるそうです。

いつも完璧を求めると、不満や不安を抱えることになり、「こんなはずじゃなかったのに」となってしまうことが多くなります。ずっと気持ちを張り詰めていると、ちょっとした挫折や些細な失敗で心が折れてしまいます。

物事に一生懸命取り組むことは大切ですが、齢を重ねると、がむしゃらに行動する体力はなくなります。その代わりに、経験値が増して行動に「ゆとり」が生まれます。

60歳からは、経験からくる「ゆとり」を持って、力を抜いた姿勢での「いい加減さ」が大切だと思います。60歳からの人生は、大人の生き方ができる時期です。

ひとり志向も結構楽しい

２０２３年に未来ビジョン研究所が行った「ひとり意識・行動調査」では、ひとりでいる方が好きかとの問いに対し、56・３％の人が好きと答えたようです。30年前と比べ12・８％と大幅に増加しており、ひとりに対する意識が大きく変化しています。

一例として、私が両国国技館に大相撲観戦にいくと、大相撲ファンの中には、ひとりで観戦し、推し力士の話題で周りの方々と一緒に会話して相撲を楽しんでいる方を見かけます。まさにひとりを楽しんでいるわけです。見ず知らずの人とでも、同じ話題で一緒に楽しむことによって孤独ではなくなるわけです。

齢を重ねるにつれ、体力や気力も落ちてくるせいか、ひとりでいる方が楽だなあと感じる時があると思います。日常生活では、穏やかな気持ちで趣味を楽しんだり、家族と過ごし、周りに常に会うような友達がいなくても、「年に1、2回でも会うと楽しいと思える友達が何人かいればそれでよし」と気楽に思うくらいが、孤独感を感じずに「おひとりさま」を楽しむコツだと思います。

14 シニア起業の増加
起業時に注意したい四つのポイント

近年、シニア起業が急激に増えているようです。

中小企業庁の中小企業白書によると、起業準備に踏み切った理由は、「起業について家族の理解・協力を得られた」の割合が最も高くなっています。

60歳以上の年代は「事業に必要な知識や経験が蓄積された」「時間的な余裕ができた」の割合がそれぞれ次いで高くなっています。また、60歳以上のシニアほど「基本的に創業時の雇用や売上高を大きく変化させることを意図せず、事業の継続を目指しているタイプ」が多いようです。

この背景には、人生100年時代が到来し、定年退職後に束縛されずに自由に仕事がしたい、お小遣い程度の収入を得たい、社会とのつながりを持ちたいなど、人生を自分らしくイキイキと過ごしたいシニア層の姿があります。

では、そのようなシニア起業を目指す方にとって、注意すべき点にはどのような点があるのでしょうか。

シニア起業のメリット

シニア起業のメリットは、過去の経験や知識を生かせること。シニア層は長年のキャリアにより、人脈や経験・知識を持っているので、フル活用すれば大きなメリットになります。

また、会社組織に拘束されることがないので、自分のペースで裁量を持って判断をして仕事を進めることができます。定年がないので生涯現役として仕事を続けることができます。そして、裁量は自身が持っていますので、仕事に対してやりがいを持って、充実した生活を送ることができます。

社会貢献や誰かのために役に立つ喜びは一層やりがいに繋がります。

シニア起業のデメリット

一方、シニア起業によるデメリットもあります。

五十代、六十代になると健康面、体力面での衰えを感じます。二十代、三十代の頃のようにがむしゃらに頑張ることはきつく感じます。頑張りすぎずに自分のペースを守ることが大事になります。

また、過去の成功体験や大きな会社に勤めていたなど過去に捉われたプライドが邪魔する場合もあります。過去は会社に支えられていたことを自覚し、個人事業として起業したらプライドは捨てることが賢明です。

また、固定観念に縛られて柔軟な考えや対応ができない場合は危険です。プライド同様、過去に捉われず多様化した価値観に柔軟に対応すべきです。

最後に、大きな負債を抱える起業はやめましょう。高齢になってから借金を抱えてしまっては、やり直しがききません。最近、ひとり起業という言葉をよく聞きますが、できるだけ初期投資を抑え、お金のかからない起業を目指すべきです。

成功の秘訣

先程述べた通り、シニア層の強みは経験と知識です。成功のポイントは経験を生かした仕事で人の困り事を解決するビジネスではないかと思います。シニアの強みである長年の経験やノウハウを困っている人のために役立てる、そして人脈を活用しながら起業の機会をうかがうことが良いのではないでしょうか。

シニア起業では、初期投資もビジネスも小さく始めることが重要だと思います。失敗した時のリスクを最小限に抑え、月に数万円を稼ぐ感覚で賢く起業することが良いと思います。

シニア起業の注意点

シニア起業における注意点は次の四つです。

まずは、金銭目的での起業はしないことです。儲けるのではなく、社会の役に立つために仕事をする意識が大切です。

次に、過去の成功体験や経験からくるプライドは捨てるべきです。今までは、会社に守られていただけです。個人事業になったら頼るのは自分自身だけです。謙虚な気持ちをもって相手に寄り添う姿勢が大事です。

そして、経営者としての意識を持つことです。視座を高く、視野を広くすることが大事になります。

最後にムダな初期投資はしないことです。シニア層には残された時間とお金には限りがあります。決して無理をしない、リスク回避をする姿勢が大切です。

ひとり起業を推奨

人生100年時代に入り、働き方が多様化しています。残りのセカンドライフをどのように生きるかは、それぞれの選択次第です。これまで、「お金」や「働き方」を会社まかせにしてきていた人も、定年が迫ると自分で考えざるを得ません。一時の起業ブームではなく、自分の人生を自分らしく豊かに生きる選択肢として、ひとり起業を考えるのも悪くないのではないでしょうか。

15

相続と贈与

生前贈与に影響する二つの改正と特例の非課税枠

２０２３年度の税制改正で相続税・贈与税に関わる改正が公表され、２０２４年１月１日より施行されました。

今回の税制改正の大きな理由は、従来の仕組みでは相続財産が多いほど有利になるといった課題があり、そのことが格差の固定化につながっていた点を改めるためです。

つまり、富裕層が将来の相続に備えるために行う節税対策に対する課税強化が目的です。

しかし、贈与や相続を身近に感じていない人にとっては、贈与のメリットや特例による非課税枠など、よくわからないことも多いでしょう。

生前贈与とは

相続税は相続人が被相続人の亡くなったあとに引き継いだ財産に応じて課税されます。生前贈与などで相続人に財産を移しておけば、課税対象の財産が減り、相続税を抑えることができます。そのため、生前贈与しておくことが相続税の節税対策として有効な手段となっています。

生前贈与には、暦年課税と相続時精算課税の二種類があります。

暦年課税と相続時精算課税は選択制です。一度、相続時精算課税を選択すると、暦年課税に戻れませんので、選択時に注意が必要です。

暦年課税とは、贈与を受けた者ごとに受贈額の合計から基礎控除110万円を控除して税率を乗じて課税する制度です。年間110万円以下の贈与は非課税となります。

一方、相続時精算課税とは、60歳以上の父母、または祖父母などから、18歳以上の子または孫に対し、財産を贈与した場合において、2500万円までは贈与税がかからず、相続税の課税対象として加算する制度です。また、2500万円を超えた部分には20％の税率が掛けられます。従来は、相続時には相続財産と合わせ、贈与した財産価額のすべてを加算し課税されるので、相続税の節税効果がなく、あまり利用されませんでした。

改正による影響

２０２４年の税制改正では、この生前贈与に影響する二種類の制度が改正されました。

一つ目は暦年課税に関し、一定期間に贈与した財産を相続財産に加算する対象期間が従来の３年以内から２０３１年の相続からは７年以内に変更されました（２０２４年の贈与から対象）。その結果、相続開始前７年以内に被相続人から贈与により受けた財産価額が相続財産に加算されるため、節税効果が減少します。

また、３年から7年に延長された4年分の贈与については、総額で１００万円の控除が受けられますが、加算期間の延長には注意が必要です。

・贈与税（暦年贈与）基礎控除（非課税分）１１０万円

↓税率10%～55%（基礎控除後の課税額に応じて変わる）

・相続税基礎控除（非課税分）3000万円＋600万円×法廷相続人数
↓税率10％〜55％（基礎控除後の課税額に応じて変わる）

相続税がかかるなら、生前に贈与すれば……と考えがちですが、贈与税は、暦年課税の基礎控除が年間110万円と非常に小さいうえ、日本の税金の中で最も税率が高いので、場合によっては、相続税よりも大きくなってしまうことがあります。

例えば、次頁の図表のとおり、課税財産1000万円を比較すると、
（相続税）1000万円×税率10％＝100万円
（贈与税）1000万円×税率30％−控除90万円＝210万円

贈与税は相続税の約2倍かかります。
贈与を検討する時は、わが家の税率を調べ、有利か不利か判定することが大事です。

二つ目が相続時精算課税制度で、これまでの贈与した金額をすべて相続財産に加算して、相続税で課税する仕組みから、110万円の基礎控除が設けられたことによって、110

【相続税率と贈与税率との比較】（単位：万円）

相続税			贈与税		
課税財産	税率（%）	控除額	課税財産	税率（%）	控除額
～1,000	10	—	～200	10	—
～3,000	15	50	～400	15	10
～5,000	20	200	～600	20	30
～10,000	30	700	～1,000	30	90
～20,000	40	1,700	～1,500	40	190
～30,000	45	2,700	～3,000	45	265
～60,000	50	4,200	～4,500	50	415
60,000～	55	7,200	4,500～	55	640

（出典：財務省資料より作成）

万円以下であれば贈与時・相続時ともに申告が不要となり、相続財産に加算する必要もなくなりました。今回の改正によって、相続時精算課税制度が利用しやすくなりました。

このように、今回の改正で相続時精算課税制度が利用しやすくなり、一方の暦年課税の節税効果が減少したため、生前贈与の前に比較検討することが重要となります。

贈与に関する特別な非課税枠とは

贈与の目的には、住宅購入や教育資金の援助などもあります。その際、贈与の特例として特別な非課税枠がありますので三つ紹介します。いずれも、使いきれずに残ってしまうと贈与税の対象になりますので注意が必要です。

〔夫婦間で財産を贈与した時の配偶者控除〕

配偶者が居住用不動産の購入またはその建築資金を贈与された場合、控除を受けることができます。ただし、婚姻期間が20年以上の夫婦間での贈与であること、居住用不動産または居住用不動産を取得するための金銭の贈与であることなどの条件があります。

この場合の非課税枠は、

（配偶者控除）2000万円＋（基礎控除）110万円＝2110万円

となります。

控除には申告が必要ですが、忘れている方が多いようです。

〔教育資金の一括贈与の非課税〕

30歳未満の子（孫）の教育資金に充てるために、親（祖父母）が金銭等を拠出した場合、最高1500万円まで非課税にすることができます。塾・ピアノ教室も可能です。手続きは金融機関で行います。

〔結婚・子育て資金の一括贈与の非課税〕

20歳以上50歳未満の子（孫）の結婚・子育て資金に充てるために、親（祖父母）が金銭を拠出した場合も最高1000万円まで非課税にすることができます。

これらの特例による最大のメリットは、亡くなる数か月前に特例を使って贈与した場合、これらの財産は相続財産として相続税に課税されることがないことが挙げられます。

贈与は契約！

贈与は「贈与者が贈与しました。受贈者はもらいました」との相互認識で成立します。つまり、あげる人と受け取る人の契約で成立するということです。

例えば、おじいちゃんが孫名義で定期預金をつくったが孫は知らなかったという場合は、贈与は認められず、結果として被相続人の財産とみなされます。第三者に証明できるよう、贈与契約書などの紙に落としておくことが必要です。また、孫が生まれた瞬間の贈与はＮＧです。10歳からＯＫとなります。もらう側に意思表示があることが必要となります。

相続・贈与の検討は早めに

高齢化が進んだ現在、亡くなる人の人数は年間で１４０万人を超えています。日本はすでに人口減少時代に突入していますが、人口構成では65歳以上が30％近く、80歳以上は十人に一人の割合になっています。

相続は、相続を行う側、受ける側として、ともにどこの家庭にも起こる出来事です。

しかし、相続対策は、身近な人の死や、自分の健康状態が不安になった時に考える人がほとんどです。人生１００年、将来に向けて親や自分自身の万一のことを考えた場合、遺産分割時に親族間でのトラブルが起きないためにも、贈与や相続は早い段階から検討することが大事です。

16 どうなる遺族年金

制度見直しの五つのポイント

「妻を労災で亡くした夫に遺族年金を支給する際、年齢制限を課すのは憲法上の平等原則に違反する」

54歳の男性が労働者災害補償保険法の規定の違憲性を訴え、不支給決定の取り消しを国に求める訴訟を起こしたことが大きく報道されました。

また、厚生労働省は年金改革の一環で配偶者ら遺族に支給される遺族年金の見直しに着手するようです。具体的には、遺族厚生年金の支給要件に男女差があるため、是正案を2024年度末までにまとめ、2025年度の通常国会に提出するとのことです。

昭和の世帯をモデルにした年金制度は女性の社会進出とともに転換期を迎えています。

変化する家族モデル

日本の年金制度は、昭和の高度経済成長を背景に正規雇用・終身雇用の男性労働者と専業主婦と子供という核家族モデルで作られています。

しかし、内閣府男女共同参画局の調査によると、男性労働者と専業主婦と子どもという家族形態は昭和55（1980）年の857万世帯に比べ、令和2（2020）年では218万世帯となっており、年々減少して共稼ぎ世帯が増加の傾向にあります。

遺族年金の仕組み

日本の公的年金制度は、20歳以上の全ての人が加入する国民年金と、会社員や公務員が加入する厚生年金などによる、いわゆる「二階建て」と呼ばれる構造になっています。公的年金には、老齢給付以外にも障害給付や遺族給付があり、収入が途切れた時に給付を行う仕組みになっています。

遺族年金は、公的年金に加入し家計を担っていた人や年金を受け取っている人が亡くなった場合に、その遺族に年金を支給する仕組みで「遺族基礎年金」と「遺族厚生年金」があります。給付については、亡くなった人の年金加入状況によって、「遺族基礎年金」「遺族厚生年金」のいずれか、または両方の年金が給付されます。

複雑すぎる遺族年金ルール

〔遺族基礎年金〕

遺族基礎年金は、死亡した人によって生計を維持されていた「子のある配偶者」、または「子」が受け取ることができます。

遺族基礎年金の支給額（年額）は「配偶者（夫または妻）81万6000円＋子の加算額」です。子の加算額は、一～二人目までは各23万4800円、以降は各7万8300円となります。子どものいない配偶者には受給権はありません。

〔寡婦年金〕

寡婦年金は、夫との婚姻期間が10年以上継続し、夫の死亡時65歳未満の妻に支給されます。ただし、妻が60~65歳の間支給され、遺族基礎年金と同時に受給することはできません。どちらかを選択することになります。

また、寡婦年金は高齢期の妻に対して支給されるもので、夫に支給されることはありません。

年金額は、夫が65歳から受給するはずだった老齢基礎年金の3/4の額となります。

〔遺族厚生年金〕

遺族厚生年金は、厚生年金保険の被保険者または被保険者が受給要件に当てはまる場合、死亡された人によって生計を維持されていた「配偶者」「子」「父母」「孫」「祖父母」がそれぞれの優先順位に応じて受け取れます。

受給できる遺族の範囲と優先順位は、①配偶者または子、②父母、③孫、④祖父母となっています。また、死亡した人の収入によって生計を維持していた年収850万円未満であること、遺族が夫・父母・祖父母の場合、死亡当時55歳以上であることなどの受給要件があります。受給開始は60歳からになります。

遺族厚生年金の支給額は、死亡した人の老齢厚生年金の報酬比例部分の3/4の額です。

計算式としては、

｛［平均標準報酬月額×7.125/1000×2003年3月までの加入月数］

＋［平均標準報酬額×5.481/1000×2003年4月以降の加入月数］｝×3/4

となります。また報酬比例部分の計算において、厚生年金の被保険者期間が３００月（25年）未満の場合は、３００月とみなして計算します。遺族厚生年金には子の有無の要件はありません。

また、遺族が妻の場合、原則、終身受給できますが、30歳未満の子のいない妻は、５年間の有期給付となります。年金額は、死亡した人の報酬比例部分（厚生年金）の老齢厚生年金金額の３／４に相当する額です。

65歳以上で老齢厚生年金を受け取る権利のある人が、配偶者の死亡による遺族厚生年金を受け取る時は、以下の①と②の高い方が遺族厚生年金額となります。

① 亡くなった人の老齢厚生年金の報酬比例部分の３／４の額

② ①の額に２／３を掛けた額と本人の老齢厚生年金の額に１／２を掛けた額の合計

［事例］

亡くなった人の老齢厚生年金の報酬比例部分の３／４の額が60万円（①）

年金受給を受ける本人の老齢厚生年金の額が50万円の場合

60万円×２／３＋50万円×１／２＝65万円（②）＞ 60万円（①）

このケースでは②の額が遺族厚生年金となります。

〔中高齢寡婦加算〕

遺族厚生年金の受給者が一定の要件に該当する場合は、遺族厚生年金に中高齢加算として61万２０００円（２０２４年度満額）が40歳から65歳に達するまで加算されます。

なお、中高齢寡婦加算は妻に着目した加算であるため、夫には加算されません。

また、受給するためには、死亡した夫の被保険者期間が３００月（25年）に満たないこと、子のない寡婦の場合は、夫の死亡当時、40歳以上65歳未満であること、子のある寡婦の場合、夫の死亡当時40歳未満でも、遺族基礎年金を失権した時に40歳以上であることなどの要件があります。

なお、遺族基礎年金を受給している間は、中高齢寡婦加算は支給停止となります。妻が

40歳以降で遺族基礎年金が支給されなくなった月の翌月から中高齢寡婦加算が加算されます。

改正見直しのポイント

このように、遺族年金の制度設計が昭和の世帯をモデルにしているため、現在の世帯モデルとのギャップが生じているとともに、制度自体が非常に複雑になっています。

今回の改正は、現行制度の問題点と現状の課題を解決すべく、以下に示したような男女差の解消と年齢制限による受給要件の見直しがポイントになります。

- 妻が亡くなった時、夫は55歳まで遺族厚生年金を受給できない
- 遺族厚生年金の受給対象者に父母や祖父母が含まれている
- 配偶者は再婚すると遺族厚生年金を受給できない
- 寡婦年金や中高齢寡婦加算は夫は受給できない
- 同性パートナーが亡くなった時、パートナーに受給権はない

安心できる備えが大事

生計を支えていた夫または妻が亡くなると、その後の生活が一変するなど大きな影響があります。受け取れる遺族年金額を知ることで、生活の過不足が「見える化」され、足りない分など万一の場合に備えることが可能になります。

今回、年金制度の見直しでは、時代の変化に合わせ、男女格差の是正が検討されるようです。家庭での男女の役割も時代とともに多様化しており、自らの家庭に合わせたライフプランニングが大切になります。人生１００年のセカンドステージに向けて安心できる備えを確実にしておきたいものです。

第4章

定年は終わり？　始まり？

17 サラリーマン脳の弊害
定年後にやりたいことがわからない？

60歳になって定年退職すると、定年以降の人生は自ら決めていかなければなりません。

しかし、五十代の多くの人は、定年後の生活に対して、漠然と将来への不安を感じながらも、何をしたらよいのかよくわからず、定年後の準備はまだまだ進んでいないようです。

定年後は、自ら人生設計を計画し、そのプランに沿って様々な選択をしていかなければなりません。ただ何となく目の前の出来事だけに執着して、ぼんやりと過ごしているだけでは、あっという間に70歳になり、80歳になって、いつの間にか人生が終わってしまいます。セカンドライフの人生設計は、定年後に立てるのではなく、できるだけ早くできれば五十代のうちに計画しておきたいものです。

サラリーマン脳

最近、「サラリーマン脳」という言葉をよく聞きます。「サラリーマン脳」とは、すべての活動が受動的であること、つまり、上からの指示がないと自分から能動的に行動ができず、ひたすら責任を逃れることばかりを考えることを意味するようです。

誰もが就職して社会人になったばかりの頃は、こんな仕事がしたいとか、こんな人生を送りたいなどの目標や希望を持っていたと思います。しかし、会社に入ると、すべてにおいて自分の意思だけでは物事を決めることはできないことに気づき、意にそぐわない仕事であっても上司の指示に従い、仕事をこなしていくようになります。

いくら上司から、「経営者の視点を持って主体的に仕事しろ」と言われても、立場や仕事に見合った裁量や権限が伴わなければ実行は難しいものです。

会社生活にも慣れてくると、徐々に周囲との余計な摩擦や労力を回避し、言われたことだけやっている方が仕事が効率的で楽だと思うようになります。そして、自分で考えるより周囲の指示に従って行動することを優先させることにより、次第に考えることから遠ざかっていきます。その結果、自分のやりたいことを主張しないようになり、思考回路が指示待ちになる「サラリーマン脳」に浸食されていくそうです。

なぜ、サラリーマン脳になるのか

社会人になると、「自分はこんな仕事がしたい」と思っても、結局は自分の意思では何も決めることはできず、組織の中では根回しとか、人間関係とか、組織内の力学とか、そんなバランス感覚が優先されるという現実を知ります。

会社組織の中で、自分の考えていることを押し通すことは、気の遠くなるようなパワーが必要です。物事をスムーズに進めるためには、周りへの配慮が大切になるため、自分の意見を押し通すより大勢の意見に従う方を選ぶようになります。

会社での出世を考えていれば、必然的に周囲との争い事は避けるようになります。

特に、日本人は諸外国の人と比べ同調圧力が強いと言われています。みんなと違ったことをすることで、あの人は変わっていると言われたり、仲間外れにされたりすることを避けたいと思う気持ちが働きます。会社の人事も社内の人間関係による好き嫌いで決まる場合もありますので、なおさらその意識が強くなります。

能動的思考への転換

前述した通り、自分で考えることをやめてしまい、指示待ち人間になってしまう「サラリーマン脳」の原因は、会社内で出世したいとか、周りとの摩擦を避けたい、いい人でいたいという気持ちです。会社では協調性とか人間関係のバランスを重視し、周りから見て突出した存在にならない方が無難で心地よいからです。

しかし、定年退職したあとは、再雇用で仕事を続けたとしても、いずれ会社員としての生活は終わります。今後、人生100年時代を生きていくためには、仕事以外のことでも、常に「自分のやりたいこと」を明確に意識して行動する習慣が大事になります。

四十代までは、自分ももしかしたら部長や役員になれるかもしれないという淡い期待を持っていても、五十代になると、ある程度、会社内での自分の立ち位置はわかってきます。定年が視野に入った五十代からは、会社で出世するために、他人の目を気にしたり、同調圧力に従うのではなく、自分の考えを主張し、常に行動する習慣を身に付けておきたいものです。

そうして気持ちを切り替えると、今までとは違った世界が見え、気持ちが楽になり、仕事だけでなく、趣味や生活面でも、きっとやりたいことが見つかってくると思います。
できるだけ早く思考回路を変えて、自分の意思を能動的に考え行動することが大事です。

人生プランは早めに

これからの人生の楽しみは、好きなことをしたり、欲しいものを手に入れて満足感や幸福感を得ることです。人生の目標は、出世してお金持ちになることや偉くなることではなく、幸せになることです。自分にとって幸せな人生を送るためには、長年の会社生活で染みついた「サラリーマン脳」から早く脱却し、主体性を持って考え行動していくことが大切です。

定年後は、漠然とした「老後不安」を多くの人が抱えます。老後は誰もが経験したことがありませんから、どのようになるのかわからずに常に不安な気持ちになります。

定年後の人生プランは自分で決めるしかありません。五十代に突入したら、漠然とした「老後不安」を解消するためにも、自分の好きなことやりたいことを明確に意識し、しっかりとしたセカンドライフの準備を始めることが大事です。

18

セカンドライフを楽しく生きるための心得

日本経済新聞に「定年後は意外と楽しい」という記事が出ていました。記事によると、未来ビジョン研究所が五十代～七十代を対象にしたアンケートで聞いた「定年後が楽しみ」または「楽しいか」どうかという問いに対し、六十代の67％が「楽しい」と答えたそうです。

ひと昔前は、定年というと「毎日やることがなく退屈」「お金が続くか心配」「孤独になるのでは」と多くの人がイメージしていましたので、このアンケート結果は予想外でした。五十代の方は、このネガティブなイメージからくる定年後に対して、漠然と不安を抱いていたはずです。しかし、定年を過ぎた六十代の方は、実は人間関係や仕事のストレスから解放され、自由に楽しんでいるようです。五十代の方も、定年後は「実は意外と楽しいんだ」と前向きな気持ちになれば、漠然と抱く「老後不安」が解消されるかもしれません。

老いを自覚し無理をしないこと

人はみな、気持ち的にはいつまでも若いと思いがちですが、身体的にも精神的にも確実に加齢による衰えはやってきます。

例えば、いつでも気軽に楽しめるランニングは日常生活に簡単に取り入れることができます。シニア世代の方の中にも、健康増進を目的にランニングを楽しんでいる方も多いと思います。多くの方は、せっかく走り始めたのだから、継続し習慣として定着させたい、大会に出て自分の頑張りを結果として残したいと思うものです。

しかし、私も経験していますが、現実はランニングを習慣として定着させるのは難しく、まして大会で自己ベストを更新することは大変なことです。齢を重ねるとともに記録タイムは年々遅くなり、精神的に日々の練習を続けることが困難になって離脱するリスクが高まっていきます。

筋肉には「速筋線維」と「遅筋線維」という種類があり、加齢による筋力低下は速筋線維で起こります。加齢によって速筋線維が萎縮する現象は、40歳を超えるとじわじわと起こりはじめるので、何も手を打たなければ「加齢によってスピードが落ちること」は避けることができないようです。

また、健康習慣の専門家によれば、習慣化には、決意・行動・行動の繰り返し・習慣の形成の四つのステージがあるそうです。習慣に変えたいと思ってもその半分しか根付くまで実行できないのが現実のようです。大事なのは挫折しそうになる時に頑張れる意志の強さだそうです。しかし、齢を重ねるとともに強い意志を持ち続けることは容易ではなく、精神的なストレスになります。

自分の好きなことを続けていくためには、自分自身の身体的・精神的な衰えを自覚することが大事です。そして、高い目標を掲げるのではなく、結果に執着せずに楽しむことを優先させて取り組むことが大切です。

夫婦円満であること

夫婦円満で仲が良いと、どんなに苦しいことがあっても困難を乗り越えることができます。

逆に夫婦仲が悪いと、家庭生活が息苦しく味気のないものになってしまいます。

これまで仕事中心で家庭を顧みなかった人は注意が必要です。妻や子どもと向き合う時間を大切にしないと、定年後に家にいることがプレッシャーになりストレスを感じるようになるようです。特に六十代の男性は家庭で浮いたり孤立してしまいがちです。

もし離婚した場合、互いの年金だけでは生活が苦しくなり、さらに、寂しさから心の病になるかもしれません。どんどん悪循環に陥り、孤独死してしまったら、あまりにも悲惨です。二人で一緒に暮らしていればなんでもないものが、離婚によって不幸を招いてしまいます。

夫婦仲良く人生をともにすることができて、はじめて幸せな人生といえると思います。できれば、定年前の五十代から夫婦円満を意識して行動することをおすすめします。

会話のあまりない夫婦が、定年後に一緒に行うといいのが散歩だそうです。ゴルフやテニスなど競争により勝ち負けがあるスポーツより、のんびり歩きながら会話をしてコミュニケーションをとることでお互いの信頼感を高めるようです。

友達を大切にすること

人間は人との関わりによって幸せを感じます。

特に、いい人生だと思える瞬間には友達の存在があります。友達とは頻繁に会う必要はありませんし、元気でいることが確認できれば十分です。ちょっとした時間に会って、ただバカ話をして盛り上がるような関係です。会うのはせいぜい年に1回くらいがちょうどいいかもしれません。なかなか会えないが、それでも、心の中に「あいつらがいる」と思っていられることが生きていくうえでの頑張る力になります。

生き甲斐を持つこと

生き甲斐を持つことは、人生を楽しく生きるための支えになります。

目標に向かって一生懸命頑張ることで、身が引き締まり、充実感を覚えます。目標はなんでも構いません。絵を描くでもいいですし、楽器を演奏するでもいいのですが、大事なのは自己満足で終わらず、自分の活動を外に発信することだと思います。

例えば、自分たちの演奏を聴いた人に楽しいと思ってもらえたり、自分の描いた絵を見た人の心の癒しになったなど、自分の生き甲斐として一生懸命取り組んだことが、周りの人の役に立てば、とてもうれしいことです。今までは、会社のためや家族のために頑張ってきたことが、定年後は世のため人のために役に立つ人生として、自分になにができるのかを考えることは、とても大事です。

幸福は自分を大切にすることから

人生の目的は、楽しく過ごし幸せになることです。また、幸福感は人との比較ではなく、自分の尺度や感情の中にあるものです。

幸福は自分を大切にすることから始まります。定年を過ぎた60歳以降は、自分の人生を完成させるための正念場です。定年後は余生ではなく、自分の人生をより楽しく終わらせるためのチャンスと捉え、前向きに過ごしたいものです。

19

退職後の不安を解消するために

事前に知っておきたい四つの手続き

五十代、六十代のシニア世代の方で、定年が迫っているが退職後の手続きについてよくわからずに不安を感じている方も多いのではないのでしょうか。会社を退職すると、健康保険の加入・雇用保険（失業手当）の申請・国民年金への切り替え・住民税支払いなどの手続きが発生します。

退職後、すぐに再就職や再雇用される場合は、次の会社で諸手続きを行いますが、退職後、離職期間がある場合は、自分で手続きを行わなければなりません。

そのため、退職後に離職期間のある方は、自分でやらなければならない手続きを事前に知っておくことが大切です。

社会保険（健康保険）

被保険者が会社を退職した場合、健康保険については、任意継続健康保険、国民健康保険、家族の被扶養者のいずれかの手続きが必要です。ただし、すぐに転職する場合、次に働く会社で切り替え手続きを行いますので、手続きは不要です。

- 任意継続健康保険に加入する
- 国民健康保険に加入する
- 家族の被扶養者になる

任意継続健康保険は、加入条件として健康保険の被保険者期間が継続して2ヶ月以上ある人は、被保険者でなくなった日から20日以内に手続きをすれば、引き続き、元の会社の健康保険に被保険者として最長2年間加入し続けることができます。この場合の保険料は、被保険者が全額自己負担します。

任意継続健康保険料は、前職の収入などによりますが、場合によっては国民健康保険に新たに加入するよりも保険料を抑えられます。また、在職時と同じく被保険者分の保険料で扶養家族分の健康保険も適用されるメリットがあります。

国民健康保険への加入は、退職後14日以内に市区町村の窓口で手続きを行います。保険料は、市区町村によって異なり、前年の所得によって計算されます。国民健康保険の給付には、健康保険と異なり出産手当金や傷病手当金はありませんので注意が必要です。

国民健康保険は前年（1月~12月まで）の世帯所得が少なければ保険料が減額されますので、退職後最初の1年間は任意継続のほうが安くても2年目からは国民健康保険のほうが安くなる場合があります。

任意継続から国民健康保険への切り替えの際は、加入している健康保険組合に「任意継続被保険者資格喪失申出書」を提出し、「任意継続の資格喪失証明書」を発行してもらいます。その後、「任意継続の資格喪失証明書」を最寄りの市区町村に提出し切り替え手続きを行います。

また、配偶者の扶養に入る場合は、退職した5日以内に年間収入がわかる書類と健康保険扶養届出を配偶者の会社に提出する手続きが必要になります。

雇用保険（失業手当）

失業手当は、被保険者が失業した場合に、離職の日（退職日）以前の2年間に被保険者期間が通算して12ヶ月以上ある時に支給されます。なお、雇用保険における失業の状態とは、労働の意思および能力があるにも拘わらず職業につけない状態です。労働意思のない場合は支給されませんので注意が必要です。

〈失業手当申請の手順〉

ハローワークに必要書類を提出
↓
雇用保険説明会を受講（職業相談に含まれる）
↓
失業手当支給日まで待機（定年退職の場合は7日間）
↓
失業手当の支払い開始
↓

就職活動（職業相談含む）

↓

4週間ごとに認定。ハローワークでの職業相談

↓

失業手当の支払い

会社の都合でなく、自分の意思で退職した場合は「自己都合による退職」とみなされます。通常、失業手当は失業状態になった日から7日間の待機期間後に受給可能です。しかし、自己都合による退職の場合は追加で2ヶ月または3ヶ月の給付制限期間が発生します。

なお、前職が会社の役員等の場合は、原則として、雇用保険の被保険者にはなりません。役員に就任した段階で雇用保険被保険者の資格を喪失します。

一般離職者の基本手当給付日数（自己都合、定年退職の場合）

被保険者期間	1年未満	1年以上10年未満	10年以上20年未満	20年以上
全年齢	—	90日	120日	150日

（厚生労働省HP資料より）

国民年金への切り替え

国民年金の加入義務は60歳までなので、60歳以降に退職した場合は、国民年金への加入手続きは不要です。ただし、扶養されていた配偶者が60歳未満の場合は、国民年金の第3号被保険者から国民年金の第1号被保険者に切り替わるので、国民年金の保険料納付を自分で行うようになります。

住民税の支払い

住民税の支払いは、退職から転職までの期間が1ヶ月以上空くという場合、退職時期によって住民税支払いの手続き方法が異なります。

1月1日〜5月31日に退職する場合は、住民税の支払い手続きは不要です。

住民税は1年間の所得に対する税金を6月1日〜5月31日までの1年間で納める仕組みです。1月1日〜5月31日に退職した場合は未納分の住民税が退職月の給与や退職金から一括で徴収されます。

例えば、1月30日に退職した場合は1月の給与や退職金から2～5月に納める予定だった住民税も徴収されます。そのため、住民税の支払い手続きを自分で行う必要はありません。

6月1日～12月31日に退職する場合、退職以降から翌年5月までの住民税の支払い手続きは原則自分で行います。なお、転職する場合、翌年6月以降の住民税は給与天引きされます。

退職後の手続きは慎重に検討

退職後は、これまでに述べたように諸々の手続きがあり、再就職しない場合は、これらの手続きを自分で行わなければなりません。特に、健康保険については、任意継続健康保険と国民健康保険の選択によって支払う金額が異なりますので、シミュレーションして比較するなど慎重に検討することが大切です。

20

退職金の受け取りと運用

失敗しないために注意すべき四つのこと

退職金は、一般の会社員にとっては老後を支える大切な資産であり、最も高額な一括収入です。そして長年にわたって働いた証としてもらうものですので、大事に使いたいものです。

また近年、退職金は、高齢化社会における老後資金として一段と重要になっています。受け取り方や受け取る時期によって税金も大きくかわるので、老後のライフプランを計画する上でも、「受け取り方」や「運用」について慎重に検討することが大切です。

退職金の税制改正

政府は、２０２３年6月にまとめた骨太の方針の中の「新しい資本主義」の実行計画で退職金に関する税制の仕組みを見直すと明記しましたが、２０２４年税制改正大綱では、見直しは見送られました。

現在の退職金制度は、戦後の終身雇用形態を前提とした働き方がモデルとなっており、退職金にかかる所得税は同じ会社に長く働くほど税負担が軽くなる仕組みになっています。これに対して、政府の「新しい資本主義」の実行計画では、今の退職金制度は、転職による労働市場の労働移動の活性化を阻害しているとの指摘により、制度の変更による仕組みの見直しを明記しました。

しかし、退職金課税は「サラリーマン増税」との批判により、２０２４年税制改正大綱では見直しを見送り、２０２５年度以降の税制改正に先送りしています。

今後、政府では２０２４年中に年金の財政検証を予定しています。退職金の所得に関わる税制の見直しを年金と一体で進めることを検討するようです。現行の退職金制度も変更される可能性がありますので、注意が必要です。

退職金の受け取り方

退職金を受け取る際（確定拠出年金含む）には、退職一時金として一括での受取方法と退職年金として年金形式で分割で受け取る形式のどちらかを選ぶことができます。

退職一時金は税制上、退職所得として扱われ、退職所得控除という特別な非課税枠があり、勤続年数によって控除枠が異なります。

〈勤続20年以下〉
40万円×勤続年数（最低80万円）

〈勤続20年超〉
800万円＋70万円×（勤続年数－20年）

例えば、勤続年数35年の場合を計算式で表すと以下の通りです。

800万円＋70万円×（35年－20年）＝1850万円（控除枠金額）

つまり、退職金が1850万円までは非課税です。また、勤続年数の1年未満の端数は

1年として計算され、34年1ヶ月の場合は35年となります。

課税金額の計算式は、例えば退職金が2000万円の場合は以下の通りです。

(2000万円−1850万円)×1/2=75万円(課税)

一方、年金形式で支給される退職年金は税制上、雑所得として区分されます。

この場合も、公的年金控除という非課税枠がありますが、公的年金との合算となるので、非課税枠は超えやすくなります。また、年金形式で受け取った場合、その年の所得が増えることになるため、所得税や住民税、また、国民健康保険や介護保険といった社会保険料にも影響します。

このため、一般的には退職金を退職一時金として一括で受け取った方が、税制上有利になります。

退職金の使い方で失敗しないためには

一般社団法人投資信託協会が行った2022年のアンケート調査によると、退職金の使い道として預貯金が最も多く、次に日常生活費、旅行などの趣味、住宅ローン返済、金融商品と続きます。老後生活が不安なため、退職金を預貯金として大切に残しておきたい傾向があるようです。

しかし一方では、物価高でお金の価値が目減りする中、少しでも投資に回して、賢く運用することで資産寿命を延ばしていく考え方も大切になります。しかし、資産運用にはリスクがありますので、退職金の使い方については十分注意する必要があります。

まずは、金融機関の優遇プランは慎重に検討することが大事です。

金融機関は、定年退職で退職金をもらった人を対象として、「退職限定プラン」と称した通常の一年定期の定期預金金利0・125%が定期預金金利7%になるキャンペーンを行う場合があります。ただし、よく見ると、その金利は期間3ヶ月限定と記載があります。

つまり、例えば1000万円預けた場合、1000万円×7%×3/12ヶ月＝17万5000円の利息なのですが、1000万円×7%＝70万円が利息と勘違いする人がいます。なお、利息には、20・315%の税金がかかるため税引き後の実際の利息は13万9449円です。

これらの「退職限定プラン」には、ほとんどの場合、投資信託の購入がセットで条件となっています。

購入する投資信託にもよりますが、例えば、購入手数料3.3%の投資信託を500万円購入した場合、購入時に16万5000円の手数料がかかることになり、定期預金の利息分13万9449円がなくなってしまうことになります。つまり、金利キャンペーンは金融機関が手元の資金を増やすと同時に、投資信託を販売してその取引手数料で稼ぐことが目的ですので注意が必要です。

次は、金融庁も問題視している「ファンドトラップ」おまかせプランです。

ファンドトラップの問題点は、ファンドの投資信託の購入時手数料や信託報酬に加えて口座管理手数料や投資顧問報酬などがかかることです。このため、運用コストが高くなります。事前の説明をよく理解せずに他人(ひと)まかせで購入すると、「こんなはずじゃなかった」と思う方が多いようです。運用をまかせている間、手数料がかかり続けるため、運用効率は下がります。資産運用は他人(ひと)にまかせず、自分でよく検討した上で行うことが大事です。

そして、お金の使い方に気をつけることです。セカンドライフに入ったにも拘らず、会社員時代と変わらない感覚で生活を続ける人がいます。セカンドライフは年金が主な収入源ですので、長いスパンで計画的に生活していかなければならず、無駄な出費は抑えることが重要になります。ライフプランを計画して旅行や趣味などを楽しみながら、現役時代と同じような交際費や見栄を張ったようなお金の使い方は控えるなどメリハリあるお金の使い方が大事です。

退職金の使い方は慎重に

人生100年。60歳や65歳で定年退職しても人生はまだまだ長く続きます。そのため、退職金寿命をできるだけ延ばすことが重要です。長年働いてやっと手にした退職金ですが、使い方次第ではすぐになくなり定年ビンボーになる可能性もあります。大きなお金が入ったからといって無駄遣いせず、自分のライフプラン計画に沿って大事に使うことが大切です。

21

退職金管理術　カギは企業型確定拠出年金

情報開示で効果的な運用

会社員の退職後の生活を支える企業年金。

厚生労働省の社会保障審議会の専門部会では、企業年金について運用状況を加入者以外にも「見える化」する議論を始めたようです。政府は、企業年金の効果的な運用につなげたいようですが、具体的にはどうなるのでしょうか。

少子高齢化が加速する中、公的年金が財政的に厳しくなっており、公的年金制度の限界が懸念されています。そのような状況下、私的年金である企業年金の在り方についても見直されています。

企業年金とは

日本の年金制度は、公的年金である基礎年金（国民年金）と厚生年金、そして、私的年金である企業年金の三階建ての構造となっています。

企業年金とは、従業員の退職後の生活のために企業が原資を拠出して給付する年金です。公的年金に上乗せして支給されるので、企業年金に加入していれば、老後資金として受け取る額が多くなります。

企業年金は、もともとは退職金を分割して支払うようにしたものなので、各企業によってルールや種類、受け取り方などが異なります。また、福利厚生の一環なので、導入していない企業もあります。

企業年金の種類

企業年金は、大きく分けると確定給付型と確定拠出型の二種類があります。

確定給付型とは、加入した期間などに基づいてあらかじめ給付額が定められている年金制度です。

一方、確定拠出型とは、拠出した掛金額とその運用収益との合計額を基に給付額を決定する年金制度です。加入者自ら運用を行います。

〔確定給付年金〕

確定給付年金は、将来の年金受給額が確定している制度です。したがって、当初の予定通りの運用ができていなくても給付額が変更できません。そのため、差額の負担を避けたい企業では制度の見直しが相次いでいます。

確定給付年金には、規約型と基金型の二つの制度があります。

規約型とは、企業が信託銀行や生命保険会社と契約を結び、年金資産の管理や運用は契約した金融機関が行います。規約型では、年金財政を毎年度確認し、積立不足がある場合は、掛金を増やさなければなりません。そのため、積立状況について従業員への開示が義務付けられています。基金型とは、企業とは別法人の基金を設立して、基金において年金資産の管理や運用を行います。

〔確定拠出年金〕

確定拠出年金は、企業型と個人型（iDeCo）の二種類があります。

加入者自らの判断で掛金の運用先を決め、その運用結果に応じて受給額が変動します。企業が運用利回りの不足分を負担しなくてよいため、最近は確定拠出年金（企業型）に移行する企業が増えています。

厚生労働省運営管理機関連絡協議会のデータによると、２０１０年3月末時点の加入者数は３４１万人でしたが、２０２３年3月末時点では８０５万人に増加しています。

確定拠出年金は、加入者の判断で運用するため、制度や運用についての教育が重要になります。加入者が運用リスクを負うため、加入者は開示情報の確認と内容を理解することが必要です。

また、マッチング拠出を採用すれば、従業員も一部掛金を追加拠出することができます。ただし、その場合は、事業主掛金を超えないこと、事業主掛金との合算で法的上限額を超えないことなどの要件を満たさなければならないので注意が必要です。

加入者数が増えている原因として税制優遇措置のメリットが挙げられます。

まず、運用益は非課税であることです。通常、金融商品の運用利益には約20％の税金がかかります。その税金が免除になるので、利益幅が大きくなります。

次は、給付金を受け取る際に、所得控除の対象となることです。一時金で受け取る場合は、退職所得控除の扱いになり、年金として受け取る場合は、雑所得扱いとなり公的年金等控除が受けられます。一般的には、退職所得控除の方が税制上有利とされています。

また、転職時に積立金を持ち運びできる点もメリットになります。近年、働き方の多様化に伴い、転職を選ぶ方が増えています。その際、前の会社で積み立てた資金を転職した会社に持ち運ぶことができます。転職先に企業型確定拠出年金がない場合や退職をして自営業になった場合は、個人型確定拠出年金（iDeCo）への移換も可能です。

企業年金のデメリット

二種類の企業年金にはそれぞれデメリットがあります。

共通のデメリットとしては、加入時に運用管理会社を選ぶことができないことです。そのため、加入時には運用管理機関や運用実績などを加入者に周知することが大事になります。

特に、確定拠出年金は資産運用のリスクが伴うため、加入時の制度理解と商品選択はとても重要です。運用管理機関の紹介する金融商品や運用実績などの情報提供により、加入時には慎重に検討しなければなりません。併せて、投資教育を受けることが大切になります。

〈確定給付企業年金〉

- 自分の年金資産額が不明
- 従業員は運用管理機関を選べない
- 転職する際、確定給付企業年金の移転に制限がある

〈企業型確定拠出年金〉

- 60歳になるまで現金化できない
- 資産運用を行うリスクがある
- 従業員は運用管理機関を選べない

フェーズの見える化

このようなデメリットを回避するためには、加入者のために運用の見える化の充実が大事になります。今後、資産運用状況に関する情報開示を進め、加入者が他社との比較や加入者の資産形成促進に向けた運用方法や商品ラインナップの開示促進が重要です。

〈確定給付企業年金制度（DB）〉
加　入　時――労働条件としての案内（選択制DB加入時の周知事項）
加入期間中――将来の給付の見える化、企業年金の運用状況に関する加入者への周知
退職時／受給時―受取方法を含めた手続き等の見える化、ポータビリティ

〈企業型確定拠出年金制度（DC）〉
加　入　時――商品選択等の情報提供や周知（選択制DC加入時の周知事項）
加入期間中――運用実績等に係る見える化、将来の給付の見える化、継続加入者教育
退職時／受給時―手続き等の見える化やポータビリティ、受給中の運用情報の提供

※ポータビリティとは、転職等で会社が変わった場合でも、それまでの年金資産を持ち運ぶことができることをいいます。

開示情報を確認

今後、少子高齢化が進む中、公的年金の給付だけでは、安心した老後生活を保障することは厳しくなっていきます。企業年金は、老後保障を充実させる観点から、その重要度は増していくことが考えられます。

これからの人生を、より安心して暮らすためには、老後の必要生活費に足りない部分を企業年金を利用してカバーすることが大切になります。そのためには、運用状況の見える化により、他社との比較や運営管理機関が選定した運用方法やラインアップも含めた情報開示を見て、効果的な運用を行うことが重要になります。

第5章

どうする？　どうなる？「年金」

22 年金はいくらもらえるの？

ねんきん定期便とは

人生100年、シニア世代になると「自分は老後をどのように生きたいか」と思い描くことが多くなります。特に、五十代の方は、そろそろ「定年後」の生活に関心が向いてくるのではないでしょうか。

人生のセカンドライフを考える上で、真っ先に頭に浮かぶのはお金の心配です。そして、老後の主な収入源は年金です。年金は老後のライフプランには欠かせないものですが、「自分は年金をいくらもらえるのか知らない」という方もまだいるようです。

今、一人ひとりの価値観や生活スタイルは、それぞれの人生設計の中で多様化する時代に変わってきています。セカンドライフをイキイキと過ごすためには、まず自分の年金額を知り、自分にあったライフプランを計画することが大切です。

ねんきん定期便を必ずチェック

ねんきん定期便は、毎年の誕生月（1日生まれの人には誕生月の前月）に日本年金機構から国民年金や厚生年金の加入者（被保険者）へ送付される年金記録のお知らせです。通常はハガキで送付されますが、節目年齢と位置づけられる35歳、45歳、59歳の年は封書で送付されます。

ねんきん定期便には、50歳以上の方が将来受け取れる年金見込額が記載されています。ただし、見込額のため、今後の働き方や保険料納付状況によって実際の額は変わります。59歳以外のハガキで送付される方は、直近1ヶ年の保険料納付額・年金加入期間などの情報が確認できます。59歳の封書で送付される方は、ハガキ版とは異なり、全期間の保険料納付額・年金加入期間の情報が確認できます。また、年金制度全体や免除制度などの様々な情報が盛り込まれています。

ねんきん定期便で確認すべき点は次の三つです。

- 受給資格期間（120ヶ月以上なら年金が受け取れる）
- 現時点で受け取れる年金見込額

・国民年金の欄（未納がないかどうか）

ねんきん定期便を見た人の中には、公的年金額が思ったよりも少ないことに驚くケースがあります。公的年金の基礎年金の部分は、加入年数が同じであれば金額も定額で同じですが、厚生年金の金額には上限があり、現役時代の収入が一定額を超えると支給額が横ばいとなるため、現役時代の収入が高かった方ほど、公的年金額が低いと感じる傾向があります。

こうして確認した自分の年金額を踏まえて、今後の働き方や資産運用を検討することができます。

公的年金シミュレーター

また、ねんきん定期便以外でも、自分の年金見込額を確認できる方法があります。

2022年4月より、厚生労働省が「公的年金シミュレーター」の試験運用を開始しました。これまでの加入歴と今後の働き方（期間・年収）、年金の受給開始時期等を入力すれば、年金受給額がどれくらいになるのか簡単に試算することができます。

ねんきん定期便では、現在の働き方をベースに年金見込額を算出していますので、今後大きく働き方を変える場合は年金見込額に反映されません。「公的年金シミュレーター」を使うことで、今後の働き方（期間・年収）を加味した試算ができます。

まずは年金額を知ることから

シニア世代にとって、老後の主な収入源は年金です。老後の人生設計を行う際は、受給する年金額がベースになります。

現在の年金見込額では不安だと感じる方は、60歳以降も働くことによって老齢厚生年金（厚生年金）を増やすことができます。また、働く期間を延ばすことで、年金の受給を繰り下げ、年金額を増額することも可能です。逆に、早く年金を受給したい方は、年金額は減額しますが、繰上げ受給で60歳から年金を受け取ることができます。

このように、60歳からのライフスタイルは様々です。しかし、共通するのは、老後を豊かに生きるためには、自分のライフプランを早めに計画し、自分に合った人生を送ることです。そのためにも、まずは、自分の年金額を把握することが大切です。

23 年金の繰上げ受給と繰下げ受給、どっちがお得？

シニア世代にとって公的年金は、老後の収入の柱となります。老後のライフプランを計画する際、収入の柱である公的年金がいつから、いくらもらえるのかは、とても興味のあるところです。

しかし、65歳から年金をもらえることは知っていても、繰上げ受給や繰下げ受給の仕組みや年金受給額の増減は、知らない人も多いのではないでしょうか。

繰上げ受給と繰下げ受給

公的年金の受給は原則65歳からですが、希望すれば、支給年齢を60歳～75歳の間で選ぶことができます。65歳より前に繰上げて受給することを繰上げ受給といい、年金額が減額されます。また、65歳より後に繰下げて受給することを繰下げ受給といい、年金額が増額されます。繰上げ受給、繰下げ受給ともに、一度請求手続きをすると、取り消しができない点に注意が必要です。

繰上げ受給は、繰上げ受給を請求した時点に応じて月0.4％減額され、その減額率は一生涯変わりません。なお、繰上げ受給は原則、老齢基礎年金と老齢厚生年金を同時に請求する必要があります。

減額率＝0.4％×繰上げ請求月から65歳に達する前月までの月数

（2022年4月1日以降に60歳に到達した人の減額率が0.4％、2022年3月31日までに60歳に到達した人は減額率0.5％）

例えば、請求時が60歳の誕生月であれば、

0.4％×（12ヶ月×5年）＝24％減

なお、万が一、繰上げ受給開始後に65歳未満で障害状態になった場合でも障害基礎年金は受給できません。また、国民年金の任意加入や国民年金保険料の追納ができないため、年金額を増やすことができなくなります。

繰下げ受給は、65歳で受け取らずに、66歳から75歳までの間、月0.7％増額され、その増額率は終身で変わらず受け取ることができます。なお、繰下げ受給は、老齢基礎年金と老齢厚生年金を別々に請求することができます。

増額率＝0.7％×65歳到達月から繰下げの申し出を行った月の前月までの月数

例えば、66歳から年金受給を開始すると、

0.7％×12ヶ月＝8.4％増

75歳まで繰下げると、最大で84％（0.7％×１２０ヶ月）増額することができます。

現在の受給状況

現在の年金の繰上げ受給と繰下げ受給の状況は、厚生労働省が発表した「令和3年度版厚生年金保険・国民年金保険事業年表」によると、令和3年度（2021年度）では、国民年金を受給できる約3453万人のうち、繰上げ受給を選択した人は約384万人（11・2％）、繰下げ受給を選択した人は、約61万人（1.8％）です。

繰上げ受給を選択した人は、前年の11・7％から0.5％減少し、繰下げ受給を選択した人は、前年の1.6％から0.2％増加する結果となりました。

ここ数年での定年退職後の働き方の変化が、年金受給の選択にも影響を及ぼしているようです。しかし、まだまだ繰下げ受給を選択する人は少ないようです。

繰下げ受給が利用されない理由

将来の年金額が増額される繰下げ受給が利用されない理由は五つあります。

〔早くもらった方が安心である〕

公的年金は原則65歳に到達すると受給されます。健康面で不安のある方や老後は働かずにのんびり過ごしたい方は早めにもらいたい気持ちになります。万が一、早く亡くなってしまうと、65歳から受給した場合よりも総受給額が少なくなってしまう可能性があります。

〔老後の貯蓄をできるだけ取り崩したくない〕

繰下げ受給を選択すると、年金受給までの間は働くか資産運用するなど年金以外の収入で生活しなければなりません。生活費が足りなければ、貯蓄を取り崩すことになりますので、老後生活を安心して暮らすために、繰下げを行わないことを選択します。何歳から年金を受給するかは慎重に検討する必要があります。

〔税金や社会保険料が増加してしまう〕

繰下げ受給を選択すると、年金額が増える一方で、税金や社会保険料が増加する可能性があります。繰下げ受給によって年金受給額の額面が増えても、引かれる税金や社会保険料が増えてしまうことで、繰下げ受給による増額効果が薄まる可能性があります。

〔加給年金がもらえないことがある〕

加給年金は、配偶者が65歳になるまでの間、本人の老齢厚生年金（厚生年金）にプラスして支給されます。しかし、繰下げ受給を選択することで、加給年金受給の権利を失う可能性があります。

〔医療費の自己負担が増加してしまう可能性がある〕

公的医療制度による医療費は、所得によって自己負担額の割合が異なります。原則、後期高齢者である75歳以上の方は自己負担一割、70歳から74歳の方は自己負担二割ですが、繰下げ受給によって一定以上（現役並み）の所得になると医療費の自己負担割合が増える可能性があります。

どっちが得か

繰上げ受給または繰下げ受給した場合と、65歳から受給開始した場合を比較してみます。

〈年金月額が20万円で81歳（男性平均寿命）で亡くなった場合〉

パターンA：65歳から受給（標準）
年間受給額は２４０万円／受取期間16年
　計算式：２４０万円×16年＝３８４０万円（年金受取総額）

パターンB：60歳から受給（繰上げ）
年間受給額１８２．４万円（24％減額）／受取期間21年
　計算式：１８２．４万円×21年＝３８３０万円（年金受取総額）

パターンC：70歳から受給（繰下げ）
年間受取額３４０．８万円（42％増額）／受取期間11年
　計算式：３４０．８万円×11年＝３７４９万円

この場合、年金受取総額の損益分岐点年齢は81歳となります。
60歳から繰上げ受給を開始した場合、81歳時点では65歳から受給した人と年金受取総額

はほぼ同じですが、81歳よりも長生きすると損します。一方、70歳まで繰下げた場合は、81歳より長生きしなければ、65歳から受け取るよりも損をすることになります。

70歳以降なら、繰下げ期間をさかのぼって過去五年分の年金を一括で受け取れる「繰下げみなし増額制度」も使えますが、収入が増える分、税金や社会保険料も増えるので注意が必要です。

自分のライフプランに沿って判断

繰上げ受給と繰下げ受給はともにメリットとデメリットがあります。原則、65歳からの年金受給ですが、どちらかを選ぶ場合は、自分の価値観または老後の収入や生活設計により検討することが必要です。65歳以降も働いて収入を得るのであれば、繰下げを選択して年金額を増額し、老後をより安定した生活で過ごすことができます。また、60歳から65歳までの期間で生活費の不安があれば、繰上げを選択することで生活に安心感を与えることができます。公的年金の繰上げ、繰下げは損得ではなく、自分のライフプランに沿って必要かどうかで判断することが大事になります。

24

70歳定年が努力義務？

働きながらの年金受給は年金がカットされる!?

令和3年（2021年）4月1日に施行された高年齢者雇用安定法の改正により、企業に「定年を65歳から70歳に引き上げる」「70歳までの継続雇用制度（再雇用制度、勤務延長制度）」「70歳まで継続的に業務委託契約を締結する制度の導入」など、いずれかの措置を制度化することが努力義務付けられました。

人生100年の長寿社会に突入する中、こうした法改正により「勤務継続」の道が開かれ、セカンドライフにおける働き方の選択肢は多様化しています。

年金受給開始年齢が原則65歳の中、シニア層にとって人生の後半戦を経済的に安心して生活を送るためには、定年後の働き方（再雇用・転職・起業など）やいつまで働くか（60歳・65歳・70歳以降）などの選択がとても大事になります。

あなたは70歳以降も働きますか？

日本経済新聞社が２０２３年10〜11月に行った「働き方・社会保障に関する世論調査」で、何歳まで働くつもりか尋ねたところ、70歳以上の回答が39％で最も高かったようです。

また、内閣府が発表した「高齢者社会白書」では、60歳以上の男女を対象に「あなたは何歳ごろまで収入を伴う仕事をしたいですか？」と聞いたところ、最も多かったのが「働けるうちはいつまでも」との回答で42％でした。

このように、働く意欲が高いシニア層ですが、一方では、自分の将来にどのようなことが不安に感じているかの質問には「生活資金などの経済面」が最多で70％に上っており、年金だけでは老後生活が不安なので、長く働くことで生活を維持することが必要なようです。

在職老齢年金制度

ひと昔前は、60歳定年後は家でゆっくり隠居生活のイメージでしたが、前述のアンケート結果の通り、今は「健康ならいつまでも働き続けたい」と思う元気なシニア層が多いようです。

しかし、60歳以降、会社に在職して厚生年金保険の被保険者になると、在職老齢年金制度により年金額と給与や賞与額に応じて、年金の一部または全額が支給停止になる場合がありますので注意が必要です。

在職老齢年金とは、年金の受給対象となった60歳以上の方が、会社などで働いて賃金をもらいながら受け取れる老齢厚生年金です。

・60歳以降も会社に在職し厚生年金保険の被保険者の場合

会社に在職する70歳未満の厚生年金被保険者は、70歳まで厚生年金保険料を払い続けていくことになります。つまり、60歳から69歳までは厚生年金保険の被保険者でありながら厚生年金保険の受給権者というケースが出てきます。この場合、60歳以降、在職して厚生年金保険の被保険者になると、年金額は報酬に応じて減額されることがあります。

この制度では、60歳台前半の人は特別支給の老齢厚生年金が、65歳台後半の人は老齢厚生年金が減額されることがあります。いずれも、支給停止に該当しても、老齢厚生年金が一部でも支給される場合には、加給年金額は全額支給されます。

・70歳以降も会社に在職するが、厚生年金保険の被保険者ではない場合

２００７年から70歳以降で在職中の人にも60歳台後半の在職老齢年金の仕組みが適用されています。70歳以上の人は在職していたとしても被保険者とはなりません（保険料負担なし）が、労働時間等の要件が被保険者に該当する場合、被保険者とみなして60歳台後半の在職老齢年金の仕組みを適用し、老齢厚生年金の一部または全部が支給停止されます。

・自営業、個人事業主の場合

在職老齢年金は厚生年金保険の被保険者だけに適用される制度であるため、事業所得や不動産所得等、他の所得をいくら得ていても調整対象外となります。

〈在職老齢年金の計算式〉

老齢厚生年金を受給されている方が厚生年金保険の被保険者である時に、受給されている老齢厚生年金の基本月額と総報酬月額相当額に応じて年金額が支給停止となる場合があります。なお、平成19年4月以降に70歳に達した人が、70歳以降も厚生年金適用事業所に勤務されている場合は、厚生年金保険の被保険者ではないが、在職による支給停止が行われます。

また、２０２３年度の支給停止調整額は48万円ですが、この額は毎年度見直され、２０２４年度の支給停止調整額は50万円に引き上げられました。

〈総報酬月額相当額〉

その月の標準報酬月額＋その月以前１年間の標準賞与額の合計÷12

※70歳以上の場合はそれぞれ「標準報酬月額に相当する額」「標準賞与額に相当する額」となる。

〈基本月額〉

加給年金額を除いた老齢厚生年金（報酬比例部分）の月額

〈支給停止額〉

（総報酬月額相当額＋基本月額－支給停止調整額50万円）×1/2

（年金支給額の計算式例）

標準報酬月額：36万円

賞与支払状況：２０２１年12月支給　30万円／２０２２年　７月支給　30万円

総報酬月額相当額：36万円＋（30万円＋30万円）÷12＝41万円

基本月額：15万円（加給年金額を除く）

支給停止額：（41万円＋15万円－50万円）×１／２＝３万円

年金支給額：15万円－３万円＝12万円

自分に合った働き方を選択

セカンドライフにおける働き方の選択肢は多様化し、自分の価値観やライフプランにより選択の幅が広がっています。定年後、働き続けながら年金を受給することは、年金だけでは老後の生活が心配な人や、より豊かな生活を送りたい人にとって大きなメリットになります。

ただし、総報酬月額と年金の基本月額合計が50万円を超えると年金が減額（もしくは、全額支給停止）されてしまうので注意が必要です。

今後のライフプランを検討する際は、在職老齢年金の年金受給額を計算に入れた上で、自分に合った働き方を選択すると、より豊かでメリハリのある生活が送りやすくなります。

25

年金改正で公的年金が増加する？

手放しで喜べない二つの理由

総務省が発表した２０２３年の家計調査では、二人以上世帯の消費支出が新型コロナウイルスの流行した２０２０年以来3年ぶりの減少となりました。物価高の影響で、食料品など日用品の節約による買い控えが影響したようです。

年金が主な収入源であるシニア世代にとって物価高はとても気になるところです。

このような中、厚生労働省より令和6年度公的年金改正の発表があり、受け取る年金が前年度より増えることが決定しました。しかし、年金額の増加を手放しでは喜べない理由があります。

令和6年度は年金額が増加

令和6年度の公的年金額が改定され、年金額が増加されました。

厚生労働省の発表では、年金額が前年度から2.7％引き上げられ、68歳以下の場合、厚生年金に加入していた会社員らの厚生年金（老齢基礎年金含む）は、平均的な収入で40年間働いた会社員と専業主婦の世帯（モデル年金）で二人の合計が月23万4８３円となり、前年より６００１円増えました。

この公的年金額の改正は、総務省が２０２４年1月に公表した「令和5年平均の全国消費者物価指数」（生鮮食品を含む総合指数）の物価変動率が前年比で3.2％上昇したことを踏まえてのものです。

「年金額は、物価変動率や名目手取り賃金変動率に応じて、毎年度改定を行う仕組みとなっています。物価変動率が名目手取り賃金変動率を上回る場合は、支え手である現役世代の方々の負担能力に応じた給付とする観点から、名目手取り賃金変動率を用いて改定することが法律で定められています」（厚生労働省【年金額の改定ルール】より）

したがって、今回の改正は、物価変動率が名目手取り賃金変動率を上回っており、年金額改定の基準は名目手取り変動率となります。

名目手取り賃金変動率とは

年金額改定の基準となる名目手取り変動率は、過去3年間の平均実質賃金変動率、前年の物価変動率、3年前の可処分所得割合変化率から算出されます。令和6年度の指標は以下の通りです。

〈令和6年度の名目手取り賃金変動率〉　※▲＝マイナス

実質賃金変動率（令和2〜4年度の平均）　▲0.1％
物価変動率（令和5年度の値）　3.2％
可処分所得割合変化率（令和3年度の値）　0.0％
名目手取り賃金変動率　▲0.1％＋3.2％＋0.0％＝3.1％

2020年度に新型コロナ禍の影響で実質賃金変動率が下落しているため、名目手取り賃金率が抑えられています。

マクロ経済スライドとは

従来、年金額の見直しは、物価や賃金に連動して上昇・下落していました。

しかし、少子高齢化の進行によって公的年金の支給額が増える一方、保険料を負担する現役世代が減少する中、このままでは将来の現役世代の保険料負担が増えてしまうという懸念が生じました。

そこで、こうした負担を抑えるための仕組みとして２００４年の年金制度改正でマクロ経済スライド制度が導入され、以後、マクロ経済スライドにより物価と賃金水準（名目手取り賃金変動率）の変動率から「スライド調整率」をマイナスし、年金の給付水準を緩やかに調整しています。

〈令和6年度のスライド調整率〉

公的年金被保険者総数の変動率（令和２〜４年度の平均）　▲0.1％

平均余命の伸び率（定率）　▲0.3％

スライド調整率　▲0.1％＋▲0.3％＝▲0.4％

この結果、

名目手取り賃金変動率3.1％－スライド調整率0.4％＝年金支給額変動率2.7％

となりました。

実質は目減り

２０２４年４月から年金の支給額は、物価の上昇に伴い、前年度から2.7％引き上げられることになり、伸び率はバブル期以来で最も高くなりました。

しかし、将来の年金給付水準を確保するために「マクロ経済スライド」が発動され、スライド調整率によって、物価上昇率3.2％の伸びより年金額の伸びは低く抑えられ、実質的には目減りとなります。

今後も保険料を支払う現役世代は減少していくので、物価が上がると、一方での「マクロ経済スライド」発動により、年金額は実質目減りしていく見通しです。

厚生労働省では、２０２４年に5年ぶりに行う「財政検証」の結果を踏まえ、年金の給付水準の低下を抑える制度改正の検討を進めることにしています。

あなたの年金額は

前述したように、日本年金機構から毎年誕生月に、自身の年金記録（保険料納付額、月別状況、年金加入期間、老齢年金の種類と見込み額）を記載した「ねんきん定期便」が郵送されます。

「ねんきん定期便」は必ず確認し、年金加入期間や保険料納付額で、気になることがある場合は、ただちに最寄りの年金事務所に問い合わせることが大切です。「もれ」や「誤り」があった場合でも、「年金加入記録回答書」を提出すれば修正できます。

また、国民年金の保険料を大学や大学院に通っている期間に払っていないために、年金が満額支給されない場合は、60歳から64歳までの間に「任意加入」をして保険料を追加で納付すれば、保険料を支払った月数に応じて受け取る年金額を増やすこともできます。

また、前に説明した「公的年金シミュレーター」でも、これまでの加入歴や今後の働き方、年金受給開始時期等を入力すると、年金受給額がどのくらいになるか簡単に試算できますので、年金額の見える化に活用することをおすすめします。

人生100年時代

このように、今回の改正では、年金額は増えますが、物価上昇により実質目減りです。そして、今後も物価上昇と少子高齢化の影響で年金が実質目減りしていくことが想定されます。

そのため、今後は自身の年金額を確認した上で対策を講じることが必要です。具体的には、60歳を過ぎても働いて収入および厚生年金支給額を増やすこと。年金の繰り下げ受給を行うこと。新ＮＩＳＡなどの投資により資産運用を行うことなどが挙げられます。

なお、繰り下げ受給は、年金の受け取り開始を65歳から遅らせると、１ヶ月につき、0.7％年金を増やすことができます。

「人生１００年時代」に年金の受け取り方を決めるには、自らの働き方、退職金や資産などに加えて、暮らし方や健康状態も考慮することが大事です。そのためには、まず自分の受け取れる年金見込み額を確認して、総合的なライフプランを立てることが重要です。

第6章

すべては健康な体から

26 平均寿命ではなく、健康寿命を意識する

シニア世代にとって、老後を健康的に過ごすことは大きな関心事です。齢を重ねるにつれて体力の衰えなど健康の悩みが多くなってきます。一方、厚生労働省が令和3年に行った中高年者の生活に関する継続調査では、五十代からスポーツ・健康活動を日常的に行っている人は、健康状態が良いと回答した割合が88・5%と高い傾向にあったようです。

人生100年時代の中、最近、健康寿命という言葉をよく耳にします。セカンドライフは、平均寿命ではなく健康寿命を意識して生活することが、これからの長い人生をより充実させるポイントのようです。

健康寿命を延ばす

健康寿命とは、「健康上の問題で日常生活が制限されることなく生活できる期間」のことをいいます。

厚生労働省が発表している調査によると、2019年における男性の平均寿命が81・4歳に対し健康寿命は72・7歳、女性は平均寿命が87・5歳に対し健康寿命は75・4歳でした。

平均寿命と健康寿命との差は、日常生活に制限のある「不健康な期間」を意味しています。2019年の調査では、平均寿命と健康寿命との差は、男性で8.7年、女性は12・1年です。今後、疾病予防と健康増進、介護予防などによって、この差を短縮することができれば、個人の生活の質の低下を防ぐことが可能になります。人生の後半戦は、できるだけ健康寿命を延ばすことによって、病気や寝たきり、介護生活などの「不健康な期間」をより短くすることが重要です。

また、厚生労働省が2019年に定めた「健康寿命延伸プラン」では、健康寿命を2040年までに男女ともに3年以上引き上げる目標を掲げ、健康づくりの施策が示されています。国としても、生産年齢人口の減少や社会保障給付費の増加といった課題に対応するため、健康寿命の延伸を重視しているようです。

シニア層の健康意識

消費者庁が行った「消費者意識基本調査」（2022年度）によると、シニア世代は、現在の健康状態について「筋力や体力の低下」や「もの忘れ等の認知機能の低下」や「糖尿病やがん等の病気」に多くの不安を抱えているようです。将来の健康状態については、不安を感じている人の割合が五十代または六十代が最も高く、一方で、70歳以上の高齢者は六十代と比べて不安を感じる人の割合が低い傾向にあります。

シニア世代は全般的に「健康を優先した生活を送りたい」という意識が高くなっています。その背景には高齢者の健康への不安があり、特に五十代、六十代は将来の健康に対する不安が大きいようです。

生活習慣の改善

健康寿命が短くなる要因は、身体機能の低下と生活習慣病（がん・循環器系・糖尿病・慢性閉塞性肺疾患など）です。生活習慣病は日本人の死亡者数の6割を占めています。つまり、生活習慣を改善することで健康寿命が短くなるリスクを下げることができます。

生活習慣の改善には、まずは運動を行う習慣をつけることが大切です。厚生労働省では、「1日1万歩」歩くことを理想とし、目標値を男性で９２００歩、女性で８３００歩としています。10分歩くと、約１０００歩ですので、例えば、家の周りを散歩したり、近くに買い物に行く時はなるべく歩いたり、エスカレーターやエレベーターに乗らずに階段を上るなど、日頃から少しずつでも歩くことが大切です。

そのうえで、栄養バランスの良い食事を規則正しくとること、塩分を控えること、禁煙、適度な飲酒、質の良い睡眠、ストレスの解消などが重要となります。こうして生活習慣を改善することが生活習慣病の予防となり、健康寿命を延ばすことにつながります。

齢を重ねても日々の身体の状態を把握し、運動を続けることができれば、生活の質も向上し、より充実した人生の後半を過ごすことができます。けっして無理をせず、マイペースで続けることが大切です。シニア層になっても元気にイキイキと過ごしている方はたくさんいます。その若々しい姿を見て羨ましく思うこともあると思います。

２０２１年３月末時点の公的介護保険の要介護（要支援）認定者数は約６８７万人います。長寿社会に伴い、介護問題は決して他人事ではなく、身近な問題となっています。セカンドライフを楽しく生きるためには、自分の足で歩けて、誰の世話にもならずに暮らせることが大事です。

毎日の運動習慣で健康に

多くの人は、できるだけ心身ともに「健康」な状態で長生きしたいという願望を持ちます。齢を重ねても日常生活の改善で健康寿命を延ばすことができます。運動することを難しく考えず、自分のペースで家の周りの散歩を始めるなど、毎日少しずつでも運動することを習慣にして健康で豊かな人生を送りたいものです。

27

医療費の負担が増加？

後期高齢者医療費引き上げの二つの理由と問題点

２０２４年度より、75歳以上の後期高齢者が加入する後期高齢者医療制度の保険料が段階的に引き上げられて幅が拡大しました。

保険料引き上げの背景には、後期高齢者の医療費増加による医療財政のひっ迫があるようです。しかし、主な収入が年金で医療にかかる頻度も多い高齢者にとって保険料の引き上げは、毎日の生活に大きな影響を与えます。

なぜ今、保険料が引き上げられるのか気になるところです。

後期高齢者医療制度

後期高齢者医療制度は、２００８年に75歳以上を対象とした公的医療制度として創設され、75歳以上の「後期高齢者」等の医療費は、自己負担割合を原則として「１割」となっています〈所得が高い場合〈現役並み〉は２割負担、３割負担となります〉。

自己負担（１割）を超える部分は、現役世代からの支援金（約４割）と公費（約５割）でまかなっています。つまり、後期高齢者の医療費増加を、現役世代が支援する仕組みです。後期高齢者医療制度には、２０２１年現在、約１８１４万人の方が加入しています。

現役世代の保険料負担拡大

今回の保険料引き上げの理由の一つは、現役世代の保険料負担が拡大していることです。この引き上げは、少子高齢化が進む中、所得が増えない現役世代の負担をこれ以上増やさないための措置となります。

２００８年の後期高齢者医療制度の創設以降、現役世代の保険料負担が拡大し続けました。その対策として2023年5月に「全世代型社会保障」の構築を目指した「改正保険法」が成立し、後期高齢者医療制度の保険料上限の引き上げが可能となりました。

平均保険料額

今回の保険料引き上げの対象者は、2025年度で年金収入が153万円を超える方です。これは後期高齢者医療制度の被保険者のうち約4割の方が該当すると言われています。

令和6年（2024年）度
　平均保険料額（年額）8万4988円（前年度7万8902円）
　　　　　　　（月額）7082円（前年度6575円）
令和7年（2025年）度
　平均保険料額（年額）8万6306円
　　　　　　　（月額）7192円
（「厚生労働省後期高齢者医療制度の令和6・7年度保険料率について」より）

今回の改正により、保険料の年間の上限額も、２０２３年度の年66万円から２０２４年度は年73万円、２０２５年度以降は年80万円へと段階的に大幅に増額されます。

出産育児一時金への拠出

後期高齢者の保険料が引き上げられるもう一つの理由は、「出産育児一時金」への拠出です。健康保険や国民健康保険の被保険者等が出産した時は、出産育児一時金が支給されます。支給額については、令和5年4月より42万円から50万円に引き上げられました。

出産育児一時金の財源は従来、公費のほか現役世代の公的医療保険の保険料から拠出していました。２０１９年には３８００億円あまりが支給されています。

急激に少子化が進む中、出産にかかる経済的負担を軽減させるための財源は、現役世代だけではなく、すべての世代で負担すべきとの考えから、２０２４年以降は、後期高齢者医療制度からも一部負担することになりました。

三つの緩和措置

今回、高齢者全体の保険料負担軽減として三つの措置がとられます。

- 出産育児一時金の後期高齢者からの支援対象額を1／2にする
- 保険料の上限額を2年かけて段階的に引き上げ
- 所得割のかかる一定以下の所得層について所得割を2年かけて段階的に引き上げ

今後の課題

政府は、今回の出産育児一時金増額のように、少子化対策は喫緊の課題と捉えています。しかし、少子高齢化により高齢者の人口は増加する一方で現役世代の人口は減少するため、その財源確保は厳しくなっています。従来の高齢者医療制度は、社会的扶養の考え方により、現役世代が保険料を納めることで75歳以上の世代を財政支援していました。しかし、このままでは現役世代の負担増加は避けられません。今後も「全世代型社会保障」の構築により、高齢者の保険料負担が引き上げられる可能性があります。

28 老後は公的医療保険だけで安心!?

シニア世代の医療を支える二つの仕組み

シニア世代に入ってくると、多かれ少なかれ体調面での不安が増してきます。

最近、疲れやすくなった、肩コリがひどい、体がだるくて重い、寝ても疲れがとれないなど、身体の不調を感じている方もいるのではないでしょうか。

そのような身体の不調を感じた時、万一の病気やけがの治療や通院などにかかるお金の負担を不安に思う方もいるでしょう。また、五十代以降の男性の半数以上が生活習慣病やその予備軍とのデータもあり、これから増えるかも知れない医療費にどう備えたらいいか悩む方も多いと思います。

その不安を解消するためには、まずは日本の医療保険制度を知ることが大切になります。

データでみる医療費の状況

厚生労働省が発表した令和3年度（2021年）の国民医療費の概況によると、国民医療費の総額は45兆359億円で前年度の42兆9665億円に比べ、2兆694億円、4.8％の増加となっています。

また、人口一人当たりの国民医療費を見ると、65歳未満の男性は19万8700円、女性が19万8500円、65歳以上の男性が82万4700円、女性が69万9600円となっています。65歳を超えると医療費が大幅に増えることがわかります。特に、男性の方が女性よりも医療費が高くなっており、生活習慣病やストレスなどで体調を崩すようです。

こうしたデータを見ると、65歳以上の年間医療費の多さに老後の医療費について不安を感じる方がいるかもしれません。

しかし、国の公的医療保険には手厚い給付があり、自己負担は抑えられているため、極端に心配することはありません。

国の医療保険制度

国の医療保険制度は、国民全員を公的医療保険で保障するとして、社会保険方式を基本に公費を投入して行っています。

この制度により、療養給付の自己負担は、医療機関や薬局で窓口負担する場合は、70歳未満は原則3割、70歳〜74歳は2割となっています。75歳からは、すべての人が後期高齢者医療制度に加入し、窓口負担は1割となります。ただし、現役並みの所得がある方は3割です。

高額療養費制度

被保険者や被扶養者は、原則として医療費の3割を負担すればよいのですが、病気にかかったり、長期療養や入院などにより、自己負担額が高額になってしまうことがあります。このような場合の負担を軽くする制度として高額療養費制度があります。

高額療養費制度は、自己負担が1ヶ月に一定額を超えた場合に超えた分を申請すれば、窓口での支払いの後に、高額療養費として健康保険から支給されるものです。ただし、対象となるのは、健康保険における自己負担分であり、入院時の差額ベッド代などは含まれません。

〈具体例〉

70歳未満で標準報酬月額28万円、医療費総額が１００万円の被保険者の場合

適用区分：年収約３７０万円〜約７７０万円（健保：標準報酬月額28万〜50万円）

１ヶ月の上限額：8万100円＋（医療費−26万7000円）×1％

（計算式）8万100円＋（100万円−26万7000円）×1％＝8万7430円

なお、70歳以上の人については、入院が同一医療機関で１ヶ月の窓口負担が自己負担限度額を超えた場合、その月のその後の窓口負担は不要となります。

適用区分別の１ヶ月の上限額は、厚生労働省ＨＰの「医療高額療養費を利用されるお客様へ」で確認することができます。

医療費以外の備え

このように、高額療養費制度によって高額な療養費であっても9万円弱くらいの負担で抑えることができます。しかし、対象となるのは健康保険が適用されるものに限られます。入院時の差額ベッド代などの費用は自己負担分となり、また、窓口で支払う費用以外にも交通費や身の回り品などの費用がかかります。

このように医療費以外の費用も発生するので、緊急時のための備えが大切です。

シニア世代の保険

シニア世代の方の中には、民間の生命保険や医療保険、がん保険の加入について悩む方もいると思います。

通常、子どもが独立して、ひと段落している家庭には、高額な死亡保険は必要ありません。掛け捨ての生命保険で十分です。また、民間の医療保険やがん保険の加入についても、これから加入するとなると、保険料は割高になります。がんの場合に長期入院を心配される方がいますが、厚生労働省の２０２０年調査では、がんの入院日数は平均20日を切っており、大幅に短くなっています。

老後の医療費は、公的健康保険からの給付で支えられています。もしもの病気やけがでまとまった出費があっても、貯蓄で賄えるのであれば、医療保険やがん保険は必ずしも必要ないかもしれません。

このように、老後に向けての医療費の不安をどのように解消するかは、日本の医療保険制度を理解したうえで、老後のライフプランや自分なりのスタンスに合わせて慎重に検討することが重要となります。

29 注意！　確定申告

知らないと損する二つの医療費控除

毎年2月を迎えると、所得税などの確定申告が始まります。

「物価高で低金利なのに賃金が上がらない」

この暮らしにくい時代を反映してか、２０２２年（令和４年）分のデータによると、確定申告を行う人は約１３３１万人と10年前に比べ６％も増加しているようです。

かつては、税務署に書面を持参するなど、なにかと手間がかかりましたが、今はスマートフォンで「国税電子申告　納税システム（e-Tax）」を利用すれば、24時間いつでも簡単に申告することができます。

確定申告をすれば税金が還付される人

本来、確定申告が必要ない人でも、税金を納めすぎている場合は、申請（還付申告）により所得税が還付されます。

〈主なケース〉

- 給与所得者（会社員等）の人：雑損控除や医療費控除、寄附金控除、住宅借入金等特別控除がある場合
- 所得が公的年金のみの人：生命保険料控除や地震保険料控除、雑損控除、医療費控除、寄附金控除などを受けられる場合
- 年内で退職後、就職しなかった人：給与所得について年末調整を受けていない場合

医療費控除

確定申告による所得税の還付の中でも、シニア世代にとって関心が高いのが医療費控除です。

医療費控除とは、本人（納税者）と本人と生計を一にする配偶者やその他の親族が支払った一年分の医療費を合算して、一定額を超えた時に所得控除を受けることができることをいいます。

生計を一にする親族とは、生活を共有している家族が対象です。必ずしも同居している必要はなく、仕送りをしている場合や子ども・親などの医療費を負担している場合も、医療費控除の対象です。

〈控除額の計算方法〉

医療費控除額上限　２００万円

（総所得金額が２００万円以上の人）

医療費控除額＝1年間の医療費－補てんされる金額－10万円

（総所得金額が２００万円未満の人）

医療費控除額＝1年間の医療費－補てんされる金額－総所得金額等×５％

補てんされる金額とは、生命保険や損害保険などの医療保険や入院費給付金、傷害費用保険金などのほか、高額療養費、出産育児一時金や家族出産育児一時金もありますので注意が必要です。「出産手当金」は、医療費を補てんする目的ではないため差し引く必要はありません。

なお、医療費の中には、医療費控除とならないものがあります。

〈主な控除の対象となるもの〉

- 診療費、医療費
- 通院や入院のための交通費、やむをえないタクシー代、介護タクシー
- 入院時の部屋代や食事代
- 治療のための松葉づえ、補聴器、眼鏡、義手、義足などの購入費用
- 治療のためのマッサージ代、はり師、きゅう師による施術代
- 医師の判断によるＰＣＲ検査

〈主な控除の対象とならないもの〉

- 人間ドック、健康診断

・美容整形の費用
・入院時の自己都合による差額ベッド代
・疲れを癒すためのマッサージ代
・自家用車のガソリン代、電車・バスで通院できる場合のタクシー代、駐車場代
・自己判断によるＰＣＲ検査

医療費控除を受けるためには、確定申告時にその年に支払った医療費控除の明細書を添付する必要がありますが、医療費通知がある場合は、医療費控除の明細書の記載を省略することができます（5年間の保存義務あり）。

セルフメディケーション税制（医療費控除特例）

セルフメディケーション税制とは、医療費控除の特例として、健康の維持増進および疾病の予防への取り組みとして、一定の取り組みを行う個人が本人および生計を一にする配偶者と親族のためにスイッチＯＴＣ医薬品を購入した際、その費用について所得控除を受

けられることをいいます。

〈控除額の計算方法〉

医療費控除額上限８万８０００円

医療費控除額＝支出した金額－１万２０００円

スイッチＯＴＣ薬とは、もともと医師の判断でしか使用することができなかった医薬品が、ドラッグストア等で販売することが許可された医薬品をいいます。

また、控除を受けるには、健康の維持増進に以下の一定の取り組みを行う必要があります。

- インフルエンザの予防接種または定期予防接種
- 市区町村のがん検診
- 職場で受ける健康診断
- 人間ドックなど各種検診

医療費控除とセルフメディケーション税制、どっちが得？

一般的には、市販薬の購入金額が多い方は、セルフメディケーション税制、病院にかかることが多く医療費が年間10万円を超える場合は、医療費控除がいいとされています。医療費控除とセルフメディケーション税制は選択適用となり、どちらかを選ぶことになります。

〈シミュレーション例〉

夫（収入800万円）、妻、長女の三人家族で、年間かかる医療費が、ドラッグストアなどでのOTC医薬品購入額が5万円、医療機関での自己負担額が8万円の場合

〈医療費控除〉

控除額＝医療費（5万円＋8万円）－10万円＝3万円

所得税の減税額＝3万円×23％（所得税率）＝6900円

住民税の減税額＝3万円×10％（住民税率）＝3000円

減税額の合計＝6900円＋3000円＝9900円

〈セルフメディケーション税制〉

控除額＝ＯＴＣ医薬品購入額５万円－１万２０００円＝３万８０００円

所得税の減税額＝３万８０００円×23％（所得税率）＝８７４０円

住民税の減税額＝３万８０００円×10％（住民税率）＝３８００円

減税額合計＝８７４０円＋３８００円＝１万２５４０円

このように、医療費の支払い状況によっては、セルフメディケーション税制を活用した方が有利な場合もあります。

30 深刻な介護問題！ 介護離職を防ぐ二つの公的介護支援制度

人生100年の超長寿社会に突入する中、「健康」と「介護」についての悩みや不安は年々大きくなっています。特に介護は、ある日突然やってくることもあり、親や自分自身の介護についても考える機会が増えています。

最近、ニュースで介護離職が増えていることが大きく報道されました。家族の介護と仕事との両立に悩み、会社を辞めてしまう人が多いようです。しかし、会社を辞めてしまうと、得ていた収入がなくなり、一生涯（退職金や年金含む）の収入が減ってしまいます。また、いったんキャリアが途絶えると再就職が難しくなるという現実もあるようです。

このような介護離職を避けるための方法として、二つの公的介護支援制度を利用する方法があります。

要支援と要介護

介護保険制度のサービスを受けるためには、「要支援・要介護」の認定を受けなくてはなりません。認定には、厚生労働省が基準を定める「要介護認定基準時間」をベースに区分された7段階により、自治体と介護認定審査会の判定が必要です。要支援・要介護の認定を受けると、サービスを利用する際に、自己負担額が1割（所得により2割～3割）となります。

「要介護」とは、入浴、排せつ、食事等の日常生活動作について常時介護を要すると見込まれる状態のことをいい、「要支援」とは、現在は介護の必要はないものの、将来要介護状態になる恐れがあり、家事や日常生活に支援が必要な状態をいいます。

介護離職者の現状

厚生労働省「令和3年介護保険事業状況報告（年報）」によると、２０２１年度末時点の要介護・要支援認定者は６８９・６万人でした。この人数は、10年前の1.3倍、20年前の

2.3倍であり年々増加しています。

また、要介護・要支援認定を受けた人が利用する介護サービスの「居住介護サービス」と「施設介護サービス」はともに介護サービスの利用者が年々増加しているようです。

このように、介護を必要としている人の増加に伴い、家族等の介護を理由に離職する人も年々増えています。厚生労働省「令和４年就業構造基本調査」によると、１年間で介護を理由に介護離職した人は10万人以上にものぼっています。男女別の内訳を見ると、女性の方が男性よりも圧倒的に多く、２０２２年の回答では全体の約8割が女性であることも明らかになっています。

公的介護支援制度

このように介護離職が年々増加している中、公的介護支援制度を知っておくことはとても大事なことです。

公的介護支援制度は、育児・介護休業法に基づく制度として、「介護休業」「介護休暇」「所定労働時間の制限（残業免除）」「時間外労働の制限」「深夜業の制限」「所定労働時間短縮等の措置」「不利益取扱の禁止」「ハラスメント防止措置」があり、雇用保険には、「介護休業給付金」があります。

介護離職をした人のうち約3割の方が、「介護休業」や「介護休暇」などの制度を知らなかったようです。

介護休業制度

介護休業は、介護を受ける対象家族一人につき3回、合計93日まで休業できる制度です。連続して93日間取ることも可能ですし、30日ずつ2回と33日など分割して取ることも可能です。

しかし、介護休業を取ることで介護の不安がなくなるわけではありません。介護休業期間に自分が介護を行うだけでなく、介護サービスを導入する施設入居を検討するなど、仕事と介護が両立できる体制づくりが大切となります。

介護休暇

介護休暇は、デイサービス等の送り迎えや通院など付き添いが必要な時に休暇が取れる制度です。対象家族一人につき、年5回まで取得でき、1単位ではなく、時間単位で取得することも可能です。また、介護サービス事業者との打ち合わせや要介護状態の祖父母のために社会人の孫が通院の付き添いをする際など幅広く利用できます。

介護休暇は、年次有給休暇とは別に取得できますが、有給か無給かは会社の規定によりますので確認が必要です。たとえ無給の場合でも、仕事は辞めなくて済むので、お金に困るリスクは軽減されます。

介護離職は最終手段

政府は「介護離職ゼロ」を掲げていますが、要介護認定者が年々増加していることもあり、介護を理由に介護離職者が増えているのが現状です。

しかし、いったん介護離職してしまうと、経済面での不安が大きくなるので、精神面や肉体面においても様々なストレスや不安に直面することになります。

近年は、介護離職を防ぐために、介護する人でも働きやすい勤務環境に見直し整備する動きも活発になっています。介護離職は最終手段にして、公的介護支援制度を利用するなど、仕事と介護の両立を目指すべく、その方向性を探っていくことが求められます。

＋1 人生100年、どうする終活

終活を前向きに捉えるための二つの方法

最近、よく耳にするようになった「終活」。

人生100年といわれる時代で「終活」はいつやるの？　と思う方も多いと思います。

「そもそも終活って何？」「終活はどうやればいいの？」「終活するメリットは？」など、悩んでいる人もいるのではないでしょうか。

終活って何？

終活は、捨てる、整理するなど「人生の最後を迎えるための準備」であり、人生の終わり支度をイメージするような捉え方があります。

終活アドバイザー協会の運営を行っている「NPO法人ら・し・さ」が行った「終活意識全国調査」の調査結果によると、終活のイメージを「亡くなった時のための準備」と捉えている方が72％となっており、まだまだ、終活に対して後ろ向きに捉えている方が多いようです。

しかし一方では、終活とは「残りの人生をイキイキと楽しく暮らすための準備」という前向きなイメージで捉えることもできます。

人生100年、これからのセカンドライフを楽しむためには、終活を「楽しい老後のための準備」として前向きに捉え、もっと関心を持ち、早めに始めることが大切です。

シニア世代が抱える老後の不安

終活を始めるにあたり、まずは、今後、どのような人生を過ごしたいのかを思い浮かべて計画を立てることです。

人生を楽しく過ごすためには、老後の不安を解消しなければなりません。

老後不安には、老後の資金、健康、介護、住まい、生きがい、孤独、相続などが挙げられます。

特に「お金」「健康」「孤独」が老後の三大不安といわれており、金融広報中央委員会が２０１９年に発表した「国民の悩みや不安の内容調査（複数回答）」によると、老後の生活設計の不安が56％で最も多く、次が健康不安の54・２％となっています。

老後の収入と支出の見える化

まずは、お金の不安を解消することです。

一時期、老後資金の「２０００万円問題」が世間を騒がせました。

「２０００万円問題」の前提は、高齢者無職世帯（夫65歳、妻60歳以上）の場合、夫婦の公的年金が月約20万円、夫婦の生活費月額が約25・５万円なので、毎月5.5万円不足というものでした。つまり、

5.5万円×12ヶ月×30年＝約２０００万円

というわけです。

多くの人の老後不安、特にお金に関する不安の要因は、「どれだけあれば老後は安心な

のか、どれくらい貯蓄があれば大丈夫といえるのか」がわからないことです。

その不安を解消するために、まず、老後の収入と支出の見える化が大切です。


老後の収入は、公的年金と退職金・企業年金、貯蓄の三つです。

公的年金額は、毎年誕生月に郵送される「ねんきん定期便」で確認することができます。

自分が受給できる年金額と退職金＋貯蓄で毎月使えるお金がいくらあるのかを把握することが必要です。

一方、老後の支出は、生活に必要なお金・万が一に備えるお金・残された家族のためのお金の三つに分けることができます。

生活に必要なお金とは、日常的な生活費、税金、社会保険料、子どもや孫への援助、自分の趣味や自己啓発費用（旅行やスポーツジム、習い事など）です。

また、万が一に備えるお金とは、病気やケガの治療費、親や自分の介護費用、家の修繕費用、その他一時出費などです。

そして、残された家族のためのお金とは、葬儀費用や配偶者など遺族の生活費などになります。

まずは、収入と支出の見える化です。

老後貧乏にならないために

収入と三つの支出が把握できたら、老後に向けて対策を立てます。

収入を増やす方法は、自分で働く、お金に働かせる（資産運用）、公的年金の繰下げの三つです。公的年金の繰下げは、たしかに月0.7％増額されますが、人それぞれ人生の寿命はわからないので、慎重に検討することが必要です。

支出を減らす方法は、生活のレベルを見直すこと、固定費を見直す（特に保険と通信費）こと、お金をかけるコト・モノに優先度をつけることです。

家計簿などをつけて、計画的なメリハリある節約がおすすめです。

エンディングノート

次に、残された家族が困らないように準備をすることです。

人生の終盤に向けて、一緒に歩いている家族がいることは大事なことです。

準備のためには、「エンディングノート」を活用することをおすすめします。

「エンディングノート」は遺書ではないので、家計・医療・介護・財産・葬儀・扶養・家族へのメッセージなどを制限なく自由に書くことができます。

「エンディングノート」の基本的メリットは、自らの人生を整理し、自分の財産などの状況や家族への思いを文字に残すことで、残された家族の負担を軽減させ、自分自身も安心して残りの人生を過ごせることです。

人生を整理することで、残りの人生の出発に新たな目的ができます。

頭の中を整理することで、「終活」を始めるきっかけになります。

人生のエンディングこそ自分らしく

終活を通じて、自分が今までたくさんの人に支えられてきたことに気づくと思います。

ロサンゼルス・ドジャースの大谷翔平選手が深く感銘を受け、人生に影響を与えた人物とされる思想家の中村天風はこう述べています。

「今日一日、怒らず、恐れず、悲しまず、正直、親切、愉快に生きよ」

「健康も、長寿も、運命も、成功も、人生の一切合財がすべて積極精神というもので決定される」

人生のエンディングこそ、自らの人生を振り返って、周りの人への感謝の気持ちを持ち、自分らしく毎日を楽しく生きることが大切です。

人生を前向きに、そして計画的に

ぜひ、人生を前向きに生きるために、60歳前後の早いうちに「終活」することをおすすめします。

齢を重ねるごとに漠然とした不安を抱きますが、人生の選択では自分らしく生きることが大切です。

人生100年、「終活」で生きる方向性を決めておけば、その後は自分らしく楽しく過ごすことができると思います。

参考文献

チャールズ・エリス著　鹿毛雄二、鹿毛房子訳　『敗者のゲーム』日本経済新聞出版　２０２２年
ビル・パーキンス著　児島修訳
『DIE WITH ZERO　人生が豊かになりすぎる究極のルール』　ダイヤモンド社　２０２０年
坂本貴志著『ほんとうの定年後』講談社　２０２２年
大江英樹著『お金の賢い減らし方』光文社　２０２３年
保坂隆著『楽しく賢くムダ知らず「ひとり老後」のお金の知恵袋』
明日香出版社　２０２４年
保坂隆著『60歳からの人生を楽しむ孤独力』大和書房　２０２０年
保坂隆著『老後のお金との賢いつき合い方』三笠書房　２０２０年
佐藤優著『還暦からの人生戦略』青春出版社　２０２１年
鈴木さや子著『資産形成の超正解１００』朝日新聞出版　２０２３年

アルフレッド・アドラー著　岩井俊憲編訳『超訳アドラーの言葉』（エッセンシャル版）
ディスカヴァー・トゥエンティワン　２０２４年
両@リベ大学長著『本当の自由を手に入れる お金の大学』朝日新聞出版　２０２０年
山崎元、堀江貴文著『決定版！　お金の増やし方&稼ぎ方』徳間書店　２０２２年
弘兼憲史著『弘兼流　60代からピンピン生きる方法』三笠書房　２０２０年
齋藤孝著『名著に学ぶ60歳からの正解』宝島社　２０２３年
荻原博子著『買うと一生バカを見る投資信託』宝島社　２０２２年
和田秀樹著『和田秀樹の老い方上手』ワック　２０２３年
松本徹三著『仕事が好きで何が悪い！』朝日新聞出版　２０２４年
大前研一著『稼ぎ続ける力』小学館　２０２１年
林望著『臨終力』ベスト新書　２０１１年

おわりに

「人生100年時代」といわれる中、日本は今「超長寿化社会」に突入しています。私たちが定年後に過ごす時間は、思っている以上に長いようです。

私は、この「超長寿化社会」では、富裕層と貧困層との「経済格差」とは別に、定年時に同じ境遇のシニア層の間でも「老後格差」が拡大していくと思っています。

それは、定年前の老後に向けた準備次第で、定年後の人生の豊かさが大きく変わるからです。

定年後を楽しく生きるためには、中長期的な視点を持って、より長いスパンで早めに人生を再設計することが大切です。今、目の前で起きていることだけに捉われ、定年後のことは後回しにして定年してから考えればいいと思っていると準備が手遅れになります。

現在、定年後の働き方は、ひと昔前のような画一的なものではなく、「再雇用」「転職」「起業」「ボランティア」「リタイア」と多様化し、選択の自由度が高まっています。

しかし、安易にただ何となく働き方を選択すると、「こんなはずじゃなかった」とあとで後悔するかもしれません。まず初めに、自分がどのような人生を過ごしたいのかを基本ベースに検討することが大切です。

人生の目的は、楽しく過ごして幸せになることです。セカンドライフでは、お金や物の豊かさはもちろん大事ですが、それ以上に健康や心の豊かさが大事だと思います。

この本を読んでくださっている方の中には、今までのサラリーマン生活を、働きバチのように仕事を頑張りすぎて、家族との時間を疎かにしたことを後悔している人も多いのではないでしょうか。

社会の変化の中で、価値観や幸福感も変化し多様化しています。未婚化や晩婚化が進み、将来ひとり暮らしになる人が増加すると言われています。定年後の人生設計が遅れると経済面や健康面、社会との繋がりから生きがいを感じられずに孤独になり、寂しい人生をおくることになるかもしれません。幸せの定義は一概に決めつけることはできませんが、私は、幸せとは平凡で何気ない生活の中にあると思っています。

単調な日々であっても、いつも笑いが絶えない家族がいる、信頼できる仲間がいる、熱中できるような趣味がある、やりがいのある仕事がある、それはとても幸せなことです。

日々当たり前のように繰り返される日常生活の中で、多くの人は、とかく今の生活が永遠に続くと錯覚しがちです。しかし、今の生活は永遠には続かず、いつかは終焉を迎えます。

私が54歳の時、親友がすい臓ガンで亡くなりました。早すぎる死でした。彼は大学のラグビー部のチームメートで社会人になってからも頻繁に会い、いつも親身になって相談に乗ってくれるかけがえのない存在でした。とても有難かったです。私は、彼から悔いのない人生をおくることの大切さを教えられました。

「明日死ぬと思って生きなさい。永遠に生きると思って学びなさい」

これは、インド建国の父、マハトマ・ガンディーの言葉です。この言葉には、毎日をどのように生きるべきかを考えさせられます。

ぜひ、なにか自分の心の中にわだかまっているモヤモヤしたものを感じたら、一度立ち止まって自分の人生に悔いはないか考えてみてください。

今、日本は経済が停滞し、社会全体が息の詰まるような閉塞感に包まれて元気がありません。昭和のおじさんたちにとっては、時代の変化が早すぎて、牽引する若者たちについていけず、社会の隅っこに追いやられている感さえあります。

五十代、六十代の人たちの青春時代は1990年前後のバブル期でした。その頃の私たちは、人生をポジティブな気持ちで颯爽と楽しみ、右肩上がりの未来に大きな夢を抱いていたと思います。

当時、好景気を背景にやりたいことに対し消費を惜しまなかった五十代、六十代の私たちは、これからのセカンドライフを大いに謳歌し、「こんな大人になりたいな」「この人のライフスタイル素敵だな」と若者たちが憧れるようなカッコいいおじさんの姿をみせつけましょう。

きっとシニアが元気になれば、今の社会の閉塞感を打破し、活気に溢れ、希望に満ちた明るい未来をつくると思います。この国も元気を取り戻すはずです。

最後に、本書を執筆するにあたり、編集をご担当いただいた文芸社の秋山さんならびに出版企画を進めていただいた砂川さんには心から感謝いたします。ありがとうございました。

本書がみなさまにとって、少しでもお役に立つことを、心より願っています。

２０２５年１月

林 和彦

著者プロフィール

林 和彦（はやし かずひこ）

1963年生まれ、栃木県出身
はやしFP事務所代表
大学卒業後、大手電気機器メーカーにて、生産管理・経営企画・資材調達事業推進企画・内部統制監査などの業務に従事
60歳で退職した後、在職時に取得した国家資格を生かして独立し、個人事務所を設立
ファイナンシャルプランナー、日本FP協会会員、AFP認定者
専門は、ライフプランニング、リタイアメントプランニング

ホームページ：https://fpkhayashi.com

豊かなシニアになるための30＋1アイテム

2025年1月15日　初版第1刷発行

著　者　林 和彦
発行者　瓜谷 綱延
発行所　株式会社文芸社
〒160-0022　東京都新宿区新宿1－10－1
電話　03-5369-3060（代表）
03-5369-2299（販売）

印刷所　株式会社エーヴィスシステムズ

©HAYASHI Kazuhiko 2025 Printed in Japan
乱丁本・落丁本はお手数ですが小社販売部宛にお送りください。

送料小社負担にてお取り替えいたします。

本書の一部、あるいは全部を無断で複写・複製・転載・放映、データ配信することは、法律で認められた場合を除き、著作権の侵害となります。

ISBN978-4-286-26140-9